JN434442

국제관광경영

김 성 용 저

International
Tourism
Management

기문사
www.kimoonsa.co.kr

머리말 >>>

최근 급변하는 경영환경의 큰 흐름을 살펴보면 정보통신기술을 기반으로 한 디지털경제로의 전환과 글로벌화 및 서비스산업의 비중 증가로 나누어 볼 수 있다. 디지털경제란 단순히 급속히 발전하는 정보통신기술의 활용만을 의미하는 것이 아니라 시간과 공간을 초월한 정보 네트워크의 형성으로 인한 경제 시스템 전반의 변화를 의미한다.

디지털경제로의 전환과 더불어 급속히 나타나고 있는 현상이 글로벌화이다. 글로벌화(globalization)에 대한 정의는 다양하지만 일반적으로 세계경제 시스템이 하나로 통합되는 경향을 나타내는 것을 의미한다. 이렇게 빠르게 진행되고 있는 글로벌화를 촉진하는 요인들로는 자본집약적인 생산방식과 규모의 경제의 중요성 증대, 정보통신산업의 발전, 교통수단의 발달, 무역장벽의 감소 등을 들 수 있다, 이러한 글로벌화의 영향은 기업과 개인에게 많은 영향을 미치고 있다. 기업의 입장에서 보면 전략을 수립하는 데 있어서 글로벌화와 현지화(localization)의 문제로 고민하게 되고, 개인들은 시간과 공간을 초월한 인터넷의 일반화와 더불어 국가별로 분류하는 국경이라는 개념이 약해진 상황에 적응해야 한다. 특히 기업들은 이렇게 경쟁이 치열한 글로벌 환경하에서 생존하기 위해서는 국제경영에 대한 실무와 이론에 대한 지식을 습득하여 글로벌 환경에 대한 이해를 증진시키고, 급변하는 글로벌 환경에 알맞은 전략을 구사해야 한다.

위에서 언급한 디지털경제로의 전환과 글로벌화와 더불어 빠르게 나타나고 있는 현상 중 하나가 서비스산업의 비중 증가이다. 정보통신 · 금융 · 법률 · 교육 · 의료 · 관광 등 서비스산업은 점점 많은 비중을 차지하고 있는데, 그중에서도 관광산업은 그 비중이 급속히 증가할 것으로 예상된다. WTO(세계관광기구)에 의하면 2020년까지 국제관광객 수는 약 16억 명에 이르고 국제관광수입은 2조 달러에 이를 것으로 예측된다. 또한 국내관광은 국제관광의 10배에 달할 것으로 추정되고 있으며, 개발도상국들이 관광부문을 개발하고 있기 때문에 국제관광과 더불어 국내관광에 대한 수요도 급속히 증대되고 있다.

이렇게 최근 경영환경의 큰 흐름인 디지털경제로의 전환과 글로벌화 및 서비스산업의 증대에 맞추어 『국제관광경영』을 출간하게 되었다. 본서는 국제경영과 다국적기업에 대한 이해, 관광의 이해, 국제관광에 대한 이해, 국제관광 경영전략, 국제관광 마케팅, 국제관광기업 등으로 구성되어 있다. 국제관광경영을 공부하는 학생들에게 조금이나마 도움이 되었으면 하는 마음뿐이다.

저 자 씀

차례 ››› contents

제6장 국제관광경영전략

제8장 국제관광기업

제 01 장

글로벌화 (Globalization)

제1절 글로벌화의 이해
제2절 국제경제기구 및 지역경제통합

제1장 ›››

글로벌화(Globalization)

제1절 글로벌화의 이해

1 글로벌화의 개념

최근 세계경제가 큰 변화를 겪고 있는데 그 핵심적인 내용은 여러 가지 장벽에 의해서 국가별로 운영되던 경제시스템이 국가별 언어(language), 문화(culture), 거리(distance) 등의 차이에도 불구하고 점점 하나의 경제 시스템으로 통합되는 경향을 나타낸다는 것이다.

이러한 현상 속에서 여러 국가들 간의 상호의존성(interdependence)도 점차 높아지고, 모든 산업은 더욱 빠른 속도로 글로벌화 되어 가고 있고 글로벌 기업들은 서로 무한경쟁을 하고 있는 현실이다.

'글로벌화(globalization)' 또는 우리말로 '세계화'에 대한 정의는 다양하지만 일반적으로 '기업이 개별국가시장에 대해 각각 다른 전략을 취하기 보다는 전 세계시장을 하나의 시장으로 보고 통합된 전략을 수립하는 것' 을 의미한다(Porter, 1986 ; 장세진, 2004).

글로벌화는 시장의 글로벌화와 생산의 글로벌화의 두 가지 주요한 부분으로 구성되어 있는데, 시장의 글로벌화란 국가별로 나누어져 있던 시장을 하나의 거대한 글로벌 시장으로 합병하는 것을 의미한다. 생산의 글로벌화는 기업들이 노동력 · 토지 · 원자재 · 에너지 등의 생산요소들을 가격과 품질 측면에서 국가별 차이를 이용하여 제품과 서비스를 다른 지역에서 생산하는 경향을 나타내는 것을 의미하는데, 생산의 글로벌화가 일어나는 이유는 기업들이 경쟁기업들보다 경쟁우위를 확보하기 위하여 낮은 비용구조와 높은 품질을 소비자들에게 제공하기 위하여 노력하기 때문이다.

글로벌화와 국제화(internalization)를 비교해보면, 국제화는 국가단위로 시장이 구성되었던 상황에서 한 국가에 있던 기업이 다른 국가로 진출하는 것을 의미했던 반면, 글로벌화는 국가별로 시장을 구분하는 의미가 없어졌다는 것이다. 글로벌화된 환경에서는 제품 · 서비스 · 기술 등이 각 국가에서 국가로의 이동이 자유롭고, 인적자원과 자본의 흐름도 자유롭다고 할 수 있다.

특히, 글로벌화가 관광산업에 미치는 영향은 매우 크다고 할 수 있는데 글로벌화로 인해 국제관광이 촉진되어 관련 산업이 빠른 속도로 성장하고 있다. 이러한 글로벌 경영 환경하에서 국제관광과 관련된 기업인 호텔, 항공사, 외식업체, 여행사 등이 다국적기업화되어가고 있는 추세이다. 따라서, 글로벌화는 이제 일반적인 현상이 되었으며 국제관광경영적인 측면에서도 많은 국제 관광기업들이 급변하는 글로벌 경영환경에 적합한 경영전략을 수립하는 것이 필요하다고 하겠다.

2 글로벌화의 촉진요인

1) 자본집약적인 생산방식과 규모의 경제 중요성 증대

우리나라의 많은 기업들이 해외로 진출하는 것을 일반화하고 있는데 가장 큰 이유 중 하나가 우리나라 소비자들만을 대상으로 제품을 판매하게 되면 생산비용을 충당하기가 어렵기 때문이다. 그만큼 이제는 글로벌화가 일반화되었고 글로벌 경영환경의 변화도 급속하게 일어나고 있다.

이러한 환경하에서 최근 모든 산업의 생산방식에서 공통적으로 일어나는 현상 중 하나는 노동집약적인 생산시스템에서 자본집약적인 생산시스템으로의 전환 가속화를 들 수 있다. 이러한 현상은 생산 활동에 있어서 노동비용의 비중이 점차 감소하는 동시에 자본비용이 증가한다는 의미인데, 자본비용 증가의 주요한 이유는 연구개발비용의 증가와 첨단 생산설비로 인한 비용 증가이다.

특히, 이러한 현상은 정보통신(telecommunication)과 생명공학(biotechnology) 등의 첨단산업과 자동차 · 화학 등 생산비용이 많이 소요되는 산업에서 더욱 두드러지게 나타나고 있다. 이러한 생산활동비용의 증가로 기업의 입장에서는 규모의 경제(economies of scale)를 이용한 대량생산을 하게 되고, 각 국가별 내수시장만으로는 대량생산된 제품의 수요가 한정되어 있기 때문에 전 세계시장으로의 제품판매를 모색하게 된다. 우리나라의 현대, 기아자동차가 세계 곳곳에 생산기지를 건설하고 전 세계시장을 대상으로 자동차 판매에 힘쓰는 것이 좋은 예라고 할 수 있다.

2) 기술의 발전

글로벌화를 촉진시키는 요인 중 하나는 기술의 발전인데, 특히 교통기술의 발전, 정보통신기술의 발전, 첨단산업기술의 발전 등을 이유로 들 수 있다. 먼저, 교통기술의 발전과정을 살펴보면, 제2차 세계대전 이후 항공산업기술의 발전과 컨테이너 운송의 도입으로 급격한 교통의 발전을 가져왔으며 이러한 교통산업의 급속한 발전이 글로벌화를 더욱 촉진시키는 중요한 원인이 되었다.

또한, 빠른 기술의 발전과 더불어 많은 연구개발(R & D)에 대한 투자가 글로벌화를 촉진시키는 원인이 되었다.

예를 들어 첨단산업이라고 할 수 있는 전자, 통신, 컴퓨터, 의약품제조산업 등에서는 총매출액에서 연구개발비용이 차지하는 비율이 평균적으로는 7~8%, 높게는 15%까지도 소요되고 있는데, 이와 같이 연구개발비용이 많이 투자되는 사업에서는 국내시장의 수요만으로는 그처럼 높은 연구개발비를 충당하기 힘들다. 그렇기 때문에 위에서 언급된 첨단산업의 경우 전 세계시장을 대상으로 신제품개발과 판매가 지속되어야 연구개발비용을 충당할 수 있게 된다. 따라서 이렇게 첨단산업에 속해 있는 다국적기업들이 시장을 전 세계를 대상으로 하고 있기 때문에 글로벌화는 더욱 가속화되고 있다고 할 수 있다.

3) 전 세계 소비자 취향의 동질화

글로벌화의 가장 큰 요인 중 하나는 이질적이었던 각국 소비자의 취향이 점점 동질화되어가고 있다는 점이다. 이렇게 전 세계 소비자의 수요와 구매행태가 과거에 비해 동질화되어가고 있는 가장 큰 이유는 인터넷을 중심으로 한 정보통신기술의 발전이라고 할 수 있다.

이처럼 하루가 다르게 발전하고 있는 정보통신기술로 인하여 기업들은 전 세계를 단일시장으로 보고 빠른 시간 내에 전 세계 소비자들의 수요에 부응할 수 있는 제품을 만들어야 경쟁력을 가지고 생존할 수 있게 되었다.

여기서 한 가지 비교해야 할 점은 최근 전 세계 소비자 취향의 동질화는 과거 국제화의 영향으로 선진국에서 먼저 개발된 제품이 점차 저개발국가로 이동되어 시차를 두고 전 세계 소비자 취향이 동질화되었던 이른바 제품수명주기이론(product life cycle theory)과는 다르다는 것이다. 예전에는 시차를 두고 전 세계 소비자 취향의 동질화가 있었던 것에 비하여 최근에는 인터넷의 일반화로 선진국과 후진국과의 시차는 있겠지만 거의 비슷한 시기에 같은 제품이나 서비스에 대해서 전 세계의 모든 소비자들의 취향이 동질화되었다고 할 수 있다.

또한 소비자취향의 동질성이 비슷한 시기에 나타나는 다른 이유로 전 세계 소비자들의 구매력 증대를 꼽을 수 있다. 개발도상국들의 경제적 발전이 국민들의 소득증대로 나타나고 이러한 국민들의 소득증대가 선진국에서 생산되는 제품을 소비하려는 경향으로 나타나고 있다.

4) 무역장벽의 감소

최근 전 세계적으로 극소수의 국가를 제외하고 무역장벽이 낮아지고 있는 상황이며, 자본의 이동도 자유로워지고 있다. 특히 WTO(World Trade Organization : 세계무역기구) 체제의 출현으로 이러한 현상은 앞으로 더욱 가속화될 것으로 예측된다.

또한, 요즘 활발하게 진행되고 있는 여러 국가들과의 자유무역협정(free trade agreement)의 진행 등에 힘입어 가까운 시일 안에 국가 간 무역장벽의 감소는 더욱더 가속화 될 것으로 예측된다.

이러한 글로벌 경영환경의 변화 속에서 우리나라의 관광기업들도 글로벌화된 세계적인 관광기업들과 경쟁하기 위해서는 우리나라 기업들만이 보유한 경쟁우위를 활용할 수 있는 적합한 방법을 찾아보는 것이 시급하다고 할 수 있다.

사례 글로벌라이제이션

롤랜드 빌링어(Roland Villinger) 맥킨지 서울사무소 대표
강혜진 맥킨지 서울사무소 부파트너

기업의 글로벌라이제이션(globalization)이란 기준으로 평가할 때 한국은 소수정예라는 특징을 갖고 있다. 글로벌 시장이란 링에 오른 기업은 많지 않지만, 챔피언은 많이 배출했다는 얘기다. 맥킨지가 2005년 말 기준으로 전세계 시가총액 상위 2000개 기업(G2000)을 글로벌 경쟁력에 따라 등급을 평가한 결과, 3.4%인 68개 기업이 최고 등급인 '글로벌 챔피언(global champion)' 으로 분류됐다. 글로벌 챔피언은 과거 10년간의 경영성과, 진출지역 및 사업의 다각화 정도, 매출액 · 시가총액 등 다양한 항목에서 강력한 글로벌 위상을 갖고 있는 기업으로, MS(마이크로소프트) · GE(제너럴일렉트릭) · 존슨앤존슨(Johnson&Johnson) · HSBC 등 내로라하는 서구 기업들과 함께 인도 릴라이언스그룹(Reliance Group) 등 아시아 기업들도 포함돼 있다.

■소수정예 한국의 글로벌 기업

조사결과를 들여다보면, 한국 입장에서 고무적인 현상과 우려스러운 대목이 한 가지씩 눈에 띈다. 먼저 고무적 현상은 한국이 경제규모에 비해 글로벌 챔피언을 많이 배출했다는 것이다. 세계 GDP에서 한국의 비중은 2% 남짓이지만, 글로벌 챔피언 중 4%(3개)를 한국 기업들이 차지했다. 실제로 GDP 1조 달러당 글로벌 챔피언의 수는 한국이 3.7개로, 미국(2.2개), 일본(0.7)개, 중국(0.4개) 등을 능가한다.

반면 우려스러운 대목은 한국은 글로벌 기업의 저변이 취약하다는 것이다. G2000 중 한국기업의 비중은 2%(41개)로 글로벌 챔피언(4%)의 절반 수준이다. 또 글로벌 챔피언의 다음 등급인 '글로벌 유망주(global contender)'로는 G2000 중 426개 기업이 선정됐는데, 이중 한국기업의 비중은 2%(9개)에 그쳤다. 글로벌 유망주는 내수 시장에서 강력한 경쟁력을 갖추고 있지만, 사업규모와 진출지역, 사업분야의 다양성 등에서 글로벌 챔피언만큼의 수준을 확보하지 못한 기업이다. 인도 복제약(generic) 의약품 시장의 선두주자인 란박시(Ranbaxy) 같은 기업들이 글로벌 유망주에 해당한다.

반면 중국의 경우, 글로벌 챔피언에서 차지하는 비중은 2%로 낮지만, 점진적으로 세계화를 진행하는 G2000이나 글로벌 유망주에서 차지하는 비중은 각각 4%로 한국보다 높다. 특히 중국과 인도 기업들이 빠른 속도로 글로벌화하고 있다는 점을 감안할 때, 한국의 소수정예주의가 오래 지속되기는 어려울 것으로 보인다. 단적인 예로, 해외직접투자액의 경우 한국은 2003년 34억 달러에서 2006년 71억 달러로 연평균 28% 증가하는 데 그쳤지만, 중국과 인도는 같은 기간 연평균 77%, 68% 급증했다.

■글로벌라이제이션의 6가지 과제

글로벌라이제이션은 한국 기업이 피할 수 없는 숙명적 도전이자 극복해야 할 과제다. 하지만 성공적으로 글로벌화하는 것은 쉬운 일이 아니다. 실제로 성공보다는 실패 사례가 더 많다. 글로벌화 추진 과정에서 기업들이 직면하게 되는 주요 도전과제는 다음과 같다.

① "왜 글로벌인가?" 목표와 전략을 명확히 하라

의외로 글로벌화를 주장하는 많은 기업들이 왜, 어디서, 어떻게, 언제 글로벌화할지에 대한 명확한 전략을 갖고 있지 않아 실패하곤 한다. 글로벌화를 추진하는 기업들은 다음과 같은 몇 가지 질문을 던져봐야 한다. 진출하려는 시장이 매력적인가, 새로운 사업을 구축할 것인가 아니면 기존 업체를 인수할 것인가, 언제 어떻게 글로벌 전략을 실천에 옮길 것인가, 언제까지 임직원들의 역량을 글로벌 수준으로 키워야 하고 그를 위해 얼마만큼의 노력이 필요한가 등이다. 한발 더 나아가, 기업들은 R&D부터 판매까지 가치사슬(value chain)의 어떤 부분을 어느 지역에서 특화시킬 것인지를 고민해야 한다. 예컨대 원가경쟁력이 중요하면 인건비 · 재료비 · 운송비 등이 싼 지역에, 기술 경쟁력이 중요하면 인재 선발과 활용이 유리한 곳에 거점을 두는 식이다. 의류업체 리앤펑(Li&Fung)은 37개국 7500개의 협력기업 네트워크를 구축해 활용하고 있다. 방한복을 만들 때 직물 공급은 중국, 디자인은 홍콩, 지퍼는 대만, 재봉 작업은 방글라데시에서 이루어지는 식이다.

② 항상 M&A에 준비된 자세 갖춰야

HSBC와 미탈스틸 등 글로벌 챔피언의 약 65%는 인수합병(M&A)을 통한 성장에 크게 의존하고 있다. 반면 한국 기업들은 글로벌 M&A에 소극적이다. 언제라도 M&A를 추진할 수 있는 철저한 준비가 돼 있지 않을 경우, 매물이 시장에 나온 뒤에야 다급하게 검토하게 되므로, 인수기회를 놓치거나 너무 비싼 가격을 지불하는 잘못을 저지르기 쉽다. 이를 해결하려면 먼저 M&A의 전략적 목적을 명확히 한 후 잠재적 인수대상 리스트를 작성해 관리해야 한다. 또 회사 내에 M&A 전담팀을 구성해 내부적으로 전문성을 쌓고, 외부에 신뢰할만한 투자은행(IB)과 컨설팅회사 같은 자문단을 확보해야 한다. 세계 1위 철강업체인 미탈스틸 회장의 회고록에는 "그의 성공은 전 세계 지도를 놓고 손실을 내는 철강회사를 찾아 인수하고 흑자로 돌려놓는 노력에 있었다. 그는 끊임없이 다음 거래를 찾고 있다"는 평가가 실려있다.

③ 외국의 법적 · 사회적 리스크를 고려하라

해외 M&A를 추진할 때는 노동법, 퇴직금 제도, 환경규제 등 그 나라만 독특하게 갖고 있는 위험요소를 고려해야 한다. 예컨대 미국의 경우, S&P500

대기업의 85%는 퇴직연금을 지급하기 위한 내부 유보금이 부족한 상태이며, 부족금액은 총 1500억 달러에 달한다. 이러한 사안들을 제대로 평가하지 않고 인수했다가는 큰 낭패를 겪게 된다. 기업들은 정치 · 여론 등 경영 외적인 변수를 과소평가하는 경향이 있다. 중국 국영 해양석유공사(CNOOC)는 미국의 에너지 회사인 유노칼(Unocal) 인수를 시도했다가 반대여론 때문에 실패했다. 중국의 유노칼 인수를 반대했던 측은 "기간산업을 '적성국(敵性國)'에 매각하는 것은 국가안보를 위협하는 것"이라며 반대여론을 조성했다. 중국은 대대적인 홍보캠페인을 벌였지만 효과를 보지 못했다.

④ 자사의 브랜드와 기업이미지 구축에 투자하라

글로벌 기업으로 성장하겠다는 야망을 가진 회사는 브랜드 가치와 기업이미지를 구축하는 투자를 게을리해서는 안 된다. 기업 이미지는 해외 시장에서 빨리 성장하는 데 큰 장애물이 될 수도 있다. 급성장하는 중국이 이미지 관리에 실패한 대표적 국가다. 글로벌 브랜드 담당자들을 대상으로 " 'Made in China' 표시가 중국기업의 이미지에 도움이 되는가, 해가 되는가"를 물어봤을 때 79%가 "해가 된다"고 답했다. 또 중국 제품을 봤을 때 떠오르는 5가지 단어는 '싸다', '품질이 낮다', '가치가 낮다', '신뢰할 수 없다', '정교하지 않다'로 조사됐다.

⑤ 글로벌 인재를 유치하고 충분한 책임과 권한을 부여하라

글로벌 경영을 주장하는 한국기업들이 가장 취약한 분야다. 선도적인 한국 전자회사들은 매출액의 80%가 해외에서 발생하지만 외국 임원 비중은 평균 2~3%에 불과하다. 해외사업장의 주요 요직은 대부분 한국 본사에서 파견된 임직원들이 차지하고 있다. 이들은 다국적 문화에 대한 경험과 이해도가 낮을 뿐 아니라, 공식적인 보고체계를 무시하고 본사의 직속상사에게 비공식적으로 보고함으로써 현지 임직원들의 사기를 떨어뜨린다.

한국 기업들이 진정한 글로벌 기업으로 발돋움하고 싶다면 보다 적극적으로 외국인 경영진과 인재를 영입하고, 이들에게 적절한 책임과 권한을 부여해야 한다. 그러지 않으면 역량 있는 글로벌 인재의 유치는 더욱 어려워진다.

⑥ 조직과 문화의 통합을 위해 최고경영진이 직접 나서라

마지막으로, 장기적인 관점에서 조직과 문화를 통합하는 노력이 필요하다.

기업이 세계화할수록 조직은 더욱 복잡해지고, 임직원들은 자신의 생각을 정확히 전달하는 데 어려움을 겪게 된다. 문화 · 언어 등의 차이로 여러 국적의 동료와 일할 때 쓸데없는 오해와 갈등이 발생하기도 한다. 따라서 최고경영진은 외국의 문화와 언어를 이해하고 국가 간 네트워크를 구축하는 데 적극적으로 나서야 한다. 해외 M&A를 추진할 때도 문화적 진단과 함께 인수 후 통합 계획을 세워야 한다.

진화론의 창시자인 찰스 다윈은 "살아 남는 생물은 가장 강한 생물도, 가장 영리한 생물도 아니라 변화에 가장 잘 적응하는 생물"이라고 말했다. 역동적인 글로벌 경제의 변화 속에서 살아남기 위해서는 그 어느 때보다 민첩한 적응력이 필요하다.

공동기획 | McKinsey&Company
자료 : 조선일보, 2007. 10. 19

제2절 국제경제기구 및 지역경제통합

1947년 미국의 주도하에 GATT(General Agreement on Tariffs and Trade : 관세와 무역에 관한 일반 협정)가 체결되었다. GATT는 관세 · 수입할당 · 보조금 등과 같은 보호무역장벽을 철폐함으로써 무역을 자유화하기 위한 다자간 협정으로 2003년 146개국이 가입할 정도로 규모가 커지게 되었다. 한편 우루과이 라운드는 1980년대 들어 위축된 GATT의 영향력을 회복하고 체계적인 국제무역질서를 확립하기 위하여 1995년부터 효력이 발생하였다. 우루과이라운드의 효력발생으로 공산품에 대한 관세가 1/3 이상 감축되었다. 또한 농업부문에 대한 보조금이 대폭 삭감되었고, 서비스산업 부문에서의 공정한 무역과 시장의 접근이 가능하도록 되었으며, 지적재산권에 대한 보호의 범위가 넓어지게 되었다. 이와 같은 우루과이라운드의 효력발생으로 GATT가 위반국에 대해서 제재를 가하지 못했었던 것에 비해 제재조치를 실행할 수 있는 WTO(World Trade Organization : 세계무역기구)가 설립되었다. WTO와 그밖의 국제경제기구 및 지역경제통합에 관련된 내용들은 다음과 같다(조동성, 2001 : 80-103 참조).

1) WTO

1995년 공식 출범한 세계무역기구는 스위스의 제네바에 본부를 두고 있으며, 각국의 무역분쟁을 중재하고 GATT에 참여하는 국가의 무역정책을 감시하는 역할을 수행한다. WTO와 GATT의 차이점은 중재안을 채택하는 것을 막을 수 있는 거부권을 행사할 수 없다는 것이다. 즉 무역분쟁에 대한 중재보고서는 WTO에 의하여 자동적으로 채택되어지며, 중재위원회에서 GATT의 규칙을 위반한 것으로 판정된 나라는 WTO의 중재안을 받아들여야 한다. WTO는 최고의사결정기관으로 각료회의를 두고 있고, 각료회의는 최소한 2년에 1회 개최의 원칙하에 타기관에 속하지 않는 모든 사항의 결정권한을 가지며, 다자간 무역협정의 모든 사항에 대해서도 세계무역기구협정에 따라 권한을 행사한다. 일반이사회는 각료회의가 열리지 않는 동안에 각료회의 업무를 수행하며 분쟁해결기구와 무역정책검토기구로서의 임무도 수행한다. 각료회의 산하에는 무역환경위원회, 무역개발위원회, 국제수지위원회, 예산행정위원회 등 분야별 상설위원회가 있다. 일반이사회 산하에는 상품교역이사회와 서비스교역이사회 및 지적재산권이사회가 분야별로 나누어져 있으며, 민간항공기위원회와 정부조달위원회 및 우육위원회 그리고 낙농위원회 등의 복수국간 협정하의 기구들이 있다.

WTO는 네 가지 기본원칙을 중심으로 운영되고 있다. 첫째는 최혜국 대우의 원칙으로 회원국은 한 국가에 부여한 대우보다 불리하지 않은 대우를 다른 회원국에게 부여하여야 한다. 둘째는 내국민 대우의 원칙으로 회원국은 내국민에게 부여한 대우와 동일한 대우를 회원국의 외국인에게도 부여하여야 한다. 셋째는 시장접근보호의 원칙으로 회원국은 외국인이 국내에 재화나 서비스를 공급함에 있어서 관세나 조세를 제외한 일체의 제한을 두어서는 안 된다. 넷째는 투명성의 원칙으로 무역에 관하여 시행되는 국가기관의 법규나 행정조치는 합리적이고 예측 가능해야 하며 이유가 고지되어야 하고, 이에 기초가 되는 자료가 공개되어야 한다. 이상과 같이 네 가지 운영원칙하에 의사결정방식은 GATT 체제에서와 같이 합의제(consensus)를 원칙으로 하고 있으나 합의가 이루어지지 않을 경우에는 다수결 투표로 의사결정을 함으로써 신속성을 확보할 수 있게 되었다.

2) 지역경제통합의 유형

지역경제통합(regional economic integration)이란 한 지역 내의 여러 국가들이 상호 간에 관세 및 비관세장벽을 철폐하여 재화 및 서비스와 생산요소가 자유롭게 이동할 수 있도록 보장하는 협정을 말한다.

(1) 자유무역지역

자유무역지역(free trade area)이란 경제통합가맹국 상호 간의 상품이동에 대한 무역제한조치를 철폐하여 자유무역을 보장하고, 역외의 비가맹국에 대해서는 각국이 독자적인 관세와 무역정책을 시행하는 형태의 경제통합을 의미한다.

(2) 관세동맹

관세동맹(customs union)은 가맹국 상호 간에 상품의 이동이 자유롭게 보장되고, 역외의 수입에 대하여 공통의 수입관세를 부과하는 형태의 경제통합이다.

(3) 공동시장

공동시장(common market)은 가맹국 상호 간에 상품뿐만 아니라 자본이나 노동력 같은 생산요소의 이동이 자유롭게 보장되며, 역외 국가에 대해서는 공통의 수입관세를 부과하는 형태의 경제통합을 말한다.

(4) 경제동맹

경제동맹(economic union)은 가맹국 상호 간에 상품 · 자본 · 노동 등 생산요소의 이동을 자유롭게 하며, 비가맹국가에 대해서는 공동의 무역정책을 취하고, 가맹국 상호 간에 경제정책을 조정하여 수행하는 형태의 경제통합을 의미한다.

3) 주요지역 경제통합 현황

(1) NAFTA

NAFTA(North America Free Trade Agreement : 북미자유무역

협정)는 1989년 미국과 캐나다의 자유무역협정에 이어 1992년 미국 · 캐나다 · 멕시코 등 3개국이 회원국으로 협정을 체결하여 1994년부터 발효되었다. NAFTA의 주요내용을 살펴보면, 미국 · 캐나다 · 멕시코 등 3개국에서 거래되는 재화의 관세를 향후 10년 내에 철폐하기로 하였으며, 서비스의 자유로운 이동을 보장하기로 하였다. 또한 지적재산권을 보호하고, 해외직접투자에 대한 제한을 철폐하기로 하였다.

(2) EU

EU(European Union : 유럽연합)은 1951년 서독 · 프랑스 · 이탈리아 등 유럽 6개국이 유럽석탄철강공동체를 결성한 것이 오늘날 유럽연합의 효시였다. 이후 1957년 로마협약에 의한 유럽경제공동체(EEC : European Economic Community)의 출범과 함께 유럽원자력공동체가 설립되었고, 1967년 EEC는 유럽석탄철강공동체와 유럽원자력공동체를 통합하여 유럽공동체(EC : European Community)로 발전하였다. 1986년까지 유럽공동체에는 서유럽 12개국이 가입함으로써 서유럽의 단일 경제권을 형성하게 되었으며, 같은 해 공동시장의 조속한 완성을 위하여 유럽단일법이 제정되어 1993년 공동시장이 완성되게 되었다. 그리고 1993년 오늘날의 유럽연합(EU : European Union)이 발족됨으로써 단일시장단계를 넘어 보다 강화된 경제통합기구로 발전되었다. 유럽연합은 경제기구로서의 차원을 넘어 궁극적으로 정치 · 사회적인 차원에서의 통합체를 목표로 하고 있다.

(3) APEC

APEC(Asia Pacific Economic Cooperation : 아시아 · 태평양 경제협력체)은 1989년 한국 · 미국 · 일본 · 캐나다 · 호주 · 뉴질랜드 및 아시아 6개국 등 12개국으로 결성되었고, 그 후 중국 등이 추가 가입하여 현재 18개국으로 구성되어 있다. APEC은 지역 내 무역 및 투자의 자율화, 경제협력 및 기술이전, 공동경제정책의 수립과 협력 등을 주요 사안으로 추진하고 있다. APEC은 회원국들의 교역량이 세계교역량에서 차지하는 비율이 높고, 회원국들의 높은 경제성장률로 세계경제에서 차지하는 영향력이 증가하고 있는 상황이다. 그러나 경제통합에 있어서 중요한 요소인 동질성의 측면에서 볼 때, 회원국들끼리 경제 · 사회 · 문화적인 측면에서 동질성이 크지 않고 지리적으로도 분산되어 있는 문제점이 있다.

(4) IMF

IMF(International Monetary Fund : 국제통화기금)는 1946년 국제통화제도의 건전한 발전을 위해서 창설된 국제기구이다. IMF의 주요 목적은 국제통화협력의 증진, 외환의 안정, 통화의 자유교환성 확립 및 국제 유동성의 원활화, 국제무역의 확대와 세계경제의 균형적인 성장을 위해 국제적인 협력을 하는데 있다.

(5) OECD

OECD(Organization for Economic Cooperation and Development : 경제협력개발기구)는 유럽경제협력기구를 모체로 하여 1961년 프랑스 파리에서 20개국을 회원국으로 하여 설립되었다. 현재 29개 회원국으로 구성되어 있는 OECD는 자유시장경제를 추구하는 국가들이 모여 세계 경제현안에 대하여 협의를 거쳐 합의에 의해 운영되는 국제경제기구로서 실질적으로 선진국 중심으로 구성되어 세계경제의 흐름을 주도하는 세계경제운용의 중심체로서의 역할을 하고 있다. OECD의 설립목적은 경제성장과 개발도상국 원조 및 무역확대의 3가지로 압축할 수 있다.

제 02 장

경영, 경영자, 기업

1. 경영
2. 경영자
3. 기업

제2장 ›››

경영, 경영자, 기업

다국적기업 및 국제 관광기업 경영을 이해하기 위해서는 기업과 경영(management), 경영자(manager) 등에 대한 이해가 선행되어야 한다.

이렇게 기업, 경영, 경영자 등에 관한 기초적인 부분은 어떠한 사업을 경영하든지 간에 공통적으로 적용되기 때문에 본 장에서는 경영, 경영자, 기업 등에 관한 기초적인 부분을 살펴보고자 한다.

1 경영(management)

어떠한 기업을 운영한다, 관리한다, 경영한다는 의미를 내포하고 있는 Management의 어원을 살펴보면 여러 가지 내용들이 있는데 프랑스어 lemain(손), 이탈리아어 mannegiaire(정돈하다), man-age-ment 등 다양하다. 아무튼 경영(management)이란 조직 내의 나누어진 일과 인적자원들, 그리고 그들이 사용하는 도구 및 원료 등 모든 자원들을 잘 배치하고 연결하여 조직의 공동목표를 최대한 달성하게 하는 복잡한 활동이라고 할 수 있다.

기업을 예로 들면, 기업을 운영하기 위해서는 기술, 자본, 설비, 정보 등 수많은 자원들이 투입되고 서로 상호작용을 통해서 어떠한 제품이나 서비스가 생산되어 고객들에게 공급된다. 이때 경영이란 이들 자원을 어떻게 연결시킬 것인가에 대한 계획을 세우고(planning), 계획한대로 조직을 짜서(organizing), 그대로 실행되도록 진두지휘하고(directing) 서로 협조가 잘되도록 조정과 연결을 잘하며(coordinating) 마지막에는 계획대로 잘되었는지 조사, 감독(controlling)하는 것이다. 이를 간략하게 줄여서 계획(plan)−실행(do)−통제(see)의 과정이 바로 경영이라고 할 수 있으며 이러한 일을 하는 사람을 바로 경영자(manager)라고 한다(임창희, 2002, p.10).

영리조직(profit organization)은 이윤(profit)을 극대화하기 위하여 또한, 비영리조직(non profit organization)은 공공 고객에게 최대한의 편익을 제공하기 위하여 조직의 활동이 원활하게 운영되어야 하는데 이렇게 비즈니스를 효율적으로 운영하는 것이 경영(management)에 있어서 중요한 점이라고 할 수 있다.

이렇게 조직을 효율적으로 운영하기 위해서 경영자들은 경영마인드(business mind)를 갖는 것이 필요한데 경영마인드란 경영자가 조직의 목표를 달성하기 위해서 자원을 가장 효율적으로 활용하고 최대의 효과를 얻으려고 생각하며 노력하는 자세라고 할 수 있다.

1) 경영의 기능(management functions)

20세기 초에 프랑스의 Fayol은 모든 경영자들은 plan(계획),

organize(조직구성), command(지휘), coordinate(조정), control(감독) 등 다섯 가지의 기능을 수행한다고 하였다. 그 이후에 일반적으로 여러 학자들이 planning, organizing, staffing, directing, controlling 등을 경영의 기능으로 받아들이게 되었다. 본서에서는 경영의 기능을 planning(계획), organizing(조직구성), leading(지휘), controlling(감독) 등으로 나누어 보았다.

(1) planning

경영에서 planning의 기능은 조직의 목표를 설정(defining goals)하고, 목표를 달성하기 위해서 전체적인 전략을 수립(establishing overall strategy)하고, 종합적으로 단계별 계획들을 조정하고 통합하는 활동 등을 발전시키는 것(developing a comprehensive hierarchy of plans to integrate and coordinate activities)을 포함한다.

(2) organizing

모든 경영자들은 조직구조(organization structure)의 디자인에 대한 책임을 가지고 있는데 이러한 기능을 우리는 organizing(조직구성)이라고 한다. organizing의 기능에는 어떤 업무를 수행할 것인가(what tasks are to be done), 누가 수행할 것인가(who is to do them), 업무를 어떻게 분류할 것인가(how the tasks are to be grouped), 조직구성원들 중 누가 누구에게 보고할 것인가(who reports to whom), 누가 의사결정을 할 것인가(where decisions are to be made) 등을 결정하는 기능을 포함한다.

(3) leading

모든 조직들은 두 사람 이상의 인적자원들로 구성되어 있기 때문에 모든 경영자들은 이러한 조직구성원들에게 업무를 지시(direct)하면서 조직구성원들의 업무를 조정(coordinate)해야 한다.

이러한 기능이 leading(지휘)의 기능이라고 할 수 있다. 4가지 세부적인 leading의 기능들로는 경영자가 하급자들의 동기부여(motivation)를 시키고, 다른 사람들의 활동을 지시하고, 조직구성원들끼리 가장 효과적인 커뮤니케이션 경로를 선택하고, 조직구성원들끼리의 갈등을 해소(resolve conflicts)하는 기능 등이 leading의 기능에 포함된다고 할 수 있다.

(4) controlling

경영의 마지막 기능으로 controlling(감독)이 있는데 controlling은 위에서 언급된 대로 목표가 설정되고, 계획이 수립된 후 조직구성을 위해 인적자원들을 채용해서 훈련시키고 동기를 부여시킨 후 다른 기능(functions)들이 제대로 작동됐는지 조직의 성과(performance)를 점검(monitoring)하는 기능을 의미한다.

2) 경영의 구성요소

재화와 서비스를 산출하기 위해서는 여러 가지 자원이 필요한데, 산업사회 초기에는 경영활동이 이루어지기 위해서 토지나 기계와 같은 물적자원, 인적자원, 자본 등이 필요한 요소들이었지만 현대사회의 복잡한 경영환경하에서는 인적자원, 물적자원, 자본과 더불어 여러 가지 정보

(information)와 전략(strategy)이 필요하게 되었다.

(1) 인적자원

최근, 어떠한 조직을 경영하는데 있어서 인적자원(human resources)의 중요성은 과거에 비해서 점점 더 커져가고 있다.

특히, 대표적인 노동집약적 산업 중 하나인 여행업에 있어서는 인적자원에 대한 의존도가 높기 때문에 인적자원 요소가 더욱 중요하다고 할 수 있다.

즉, 여행업은 산업의 특성상 여행사마다 소비자들에게 제공하는 기초상품의 종류가 거의 비슷하기 때문에 각각의 여행사의 경쟁력을 좌우하는 가장 중요한 요소 중 하나가 인적자원의 역량이라고 할 수 있어 다른 산업에 비해서 상대적으로 인적자원에 대한 중요성이 더욱 강조된다고 하겠다.

(2) 물적자원

물적자원(physical resources)이란 기업이 제품이나 서비스를 생산하는데 직접적으로 사용되는 유형의 자원을 의미한다.

하루가 다르게 경영환경이 급변하고 있는 최근에는 예전에 비해 부동산, 원재료, 생산설비 등과 같은 물적자원의 비중이 상대적으로 감소하고 있는 상황이라고 할 수 있으며, 특히, 인터넷을 중심으로 한 디지털경제에는 더욱 이러한 현상이 심화될 것으로 예측된다.

(3) 자본

자본이란 기업을 창업하고 운용하는데 필요한 재무적인 자원(financial resources)을 의미하는 것으로 창업자가 자체적으로 조달할 수도 있으며, 주식이나 채권을 발행하여 투자자들에게 제공받을 수도 있고 금융기관 등을 통해서 마련할 수도 있다.

(4) 정보

요즘 기업의 경쟁력은 정보력이 좌우한다고 해도 과언이 아닐 정도로 현대사회에 있어서 기업을 경영하는데 가장 중요한 요소 중 하나가 정보(infomation)라고 할 수 있다.

정보란 정보이용자에게 가치를 줄 수 있는 유형과 무형의 모든 내용이라고 할 수 있는데 자료(data)는 정보의 원천이며 정보는 이러한 여러 자료를 처리하여 얻어지게 된다.

자료와 정보는 자주 상호교환적으로 사용되는데 자료는 정보를 제공하는 원자재(raw material)에 해당되며 정보는 특정한 의사결정의 상황에서 가치를 갖는 점에 차이가 있다고 할 수 있다.

정보는 공식적 정보(formal information)와 비공식적 정보(informal information)로 분류할 수 있는데 일반적으로 공식적인 정보가 비공식적인 정보보다 많지만 현실적으로 많은 경영자들은 비공식적인 정보들을 더 유용하게 사용하고 있는 것으로 여러 연구결과 나타나고 있다.

(5) 경영전략

경영전략(business strategy)이란 희소한 경영자원을 배분하여 기업에게 경쟁우위를 창출하고 유지시켜 줄 수 있는 주요한 의사결정을 의미한다. 대부분의 기업들은 희소한 자금이나 인력 등을 배분해야 하는 의사결정이 필요한데, 일반적으로 다른 기업들과의 경쟁상황하에서 어떻게 하면 자사에게 경쟁우위를 가져다 줄 수 있는가를 체계적으로 분석해 주는 구체적인 사고 방법이라고 할 수 있다. 무한경쟁으로 치닫고 있는 현대의 경영환경하에 경영전략에 대한 비중은 점점 더 커져가고 있다.

(6) 기업가 정신(entrepreneurship)

위험을 감수하더라도 기업을 운영하려는 사람이 없다면 아마 새로운 기업이 만들어지는 것이 불가능할지도 모른다. 따라서 기업을 설립하고 더 많은 이익을 내보겠다는 기업가 정신을 경영자들이 가지고 기업의 다른 조직구성원들에게도 이러한 기업가 정신을 심어주는 것이 필요하다고 할 수 있다.

2 경영자(manager)

일반적으로 경영자(manager)라는 말은 넓은 의미로는 기업내에서 종업원들을 감독하는 관리자로부터 가장 중요한 의사결정을 담당하는 최고경영자에 이르는 집단을 총칭하지만 좁은 의미로는 최고경영자(CEO : Chief Executive Officer)를 의미한다고 할 수 있다.

1) 경영자는 누구인가?(Who is manager?)

경영자를 이해하기 위해서는 먼저 조직(organization)에 대한 이해가 필요하다. 조직이란 두 사람 이상이 서로 연결되어 상호작용을 하면서 공동의 목표를 달성해 나가는 모임을 말한다. 조직 내에서는 분업(division of labor), 통합(coordination), 권한체계(hierarchy of authority), 공동목표(common goal) 등과 같은 요소들이 존재한다. 간단하게 정의하면, 경영자(manager)란 이러한 조직 안에서 다른 조직구성원들의 행동을 지시하는 사람이라고 할 수 있다(Managers are individuals in an organization who direct the activities of others).

2) 경영자의 유형

(1) 소유경영자

산업화 초기에는 기업의 규모가 그리 크지 않고 전문적인 경영능력도 별로 요구되지 않아 출자자인 소유주가 직접 경영권을 가지고 경영기능을 수행할 수 있었다. 이와 같은 경우 소유주가 경영자를 겸하는 것이 가능하므로 출자자와 경영자가 분리될 필요가 없는데 이러한 경영자를 소유경영자(owner manager)라고 한다.

(2) 고용경영자

고용경영자(salaried manager)란 소유경영자에게 고용되어 일부의 기능 혹은 대부분의 기능을 위탁받아 소유경영자에게 도움을 주는 형태의 경영자를 의미한다. 실질적으로는 소유경영자와 고용경영자의 차이가 별로 없다고 할 수 있다.

(3) 전문경영자

전문경영자란 전문적인 경영능력과 지식을 겸비하고 의사결정권한을 소유하여 실질적으로 조직을 운영해 나가는 경영자를 의미한다. 이렇게 전문경영자가 출현한 배경으로는 경영규모의 대규모화와 함께 급변하는 경영환경에 대한 대처, 복잡화된 관리체계, 다양화된 생산요소의 효율적 결합 등을 들 수 있다.

사례 "최고경영자가 되려면"

주요 대기업에서 CEO(최고경영자)가 되려면 영업 · 마케팅 파트에서 잔뼈가 굵어야 제일 유리한 것으로 나타났다.

주간조선은 최근 증권거래소에 상장 또는 코스닥에 등록된 기업 가운데 연매출액 1조 2000억 원 이상(2002년 기준)인 대기업의 CEO를 대상으로 설문조사를 실시했다. 그 결과 주요 대기업 CEO들은 영업 · 마케팅 출신이 가장 많은 것으로 나타났다. 이번 조사에서는 설문 대상자 60여 명 가운데 해외출장 등으로 답변을 하지 않은 사람을 제외하고 모두 43명이 응답했다.

또 국내 주요 대기업의 CEO들은 기업 내부에서 성장한 사람이 압도적으로 많았으며, 이직 유경험자(계열사 이동 제외)와 이직 경험이 없는 '일편단심파'의 비율이 엇비슷했다. 연봉은 연말 보너스를 포함해 3억 원 미만이라고 답한 사람이 가장 많았다.

한국경제와 관련해서 "1년 내에 회복하기 어려운 상황"이라고 진단했으며, 국내 기업들이 시급히 개선해야 할 점으로는 '성과주의가 정착하지 못한 데 따른 비효율성'이라고 지적했다. 출근 이후 퇴근까지 하루 업무시간은 10시간 이상, 운동은 30분~1시간, 운동종류는 헬스, 영어공부는 30분~1시간 하는 경우가 각각 가장 많았다.

영업 마케팅 출신이 가장 많아

CEO가 되기 전 맡았던 주 업무로는 영업 마케팅이 가장 많아 43명 가운데

15명을 차지했다. 영업 마케팅 출신이라고 답한 이들은 LG상사 이수호 사장, 기아자동차 김뇌명 사장, LG전자 구자홍 회장, SK 황두열 부회장, 포스코 이구택 회장, 외환은행 이강원 행장, 하나은행 김승유 행장, 대우조선해양 장성립 회장, 삼성전자 강호문 사장, 두산중공업 김대중 사장, 대림산업 이용구 사장, 아시아나 박찬법 사장, SK가스 신헌철 사장, LG홈쇼핑 최영재 사장, 현대백화점 하원만 사장 등이다.

마케팅 전문가인 김재환 박사는 "영업 마케팅 파트는 소비자들의 목소리를 가장 가깝게 듣는 위치"라면서 "소비자들이 무엇을 원하는지 정확히 포착하는 능력은 CEO가 되는 데 크게 도움이 될 것"이라고 분석했다.

전통적으로 CEO 코스로 꼽히는 기획파트와 재무파트 출신은 그 다음으로 많았다. 기획 파트는 10명으로 두 번째를 차지했다. 삼성물산 배종렬 사장, SK텔레콤 표문수 사장, 기업은해 김종창 행장, LG화학 노기호 사장, 쌍용자동차 소진관 사장, 동부화재 이수광 사장, LG텔레콤 남용 사장, 두산 유병택 사장, KT&G 곽주영 사장, 한화석유화학 허원중 사장 등이 기획통.

재무 전문가는 7명으로 세 번째, 회사 돈을 주무르는 사람들도 최고경영자 반열에 자주 오르는 사람들이다. S-OIL 유호기 사장, KTF 남중수 사장, 신세계 구학서 사장, LG카드 이종석 사장, LG건설 김갑렬 사장, 현대산업개발 이방주 사장, 동국제강 전경두 사장 등이 해당한다.

영업 · 기획 · 재무를 합치면 모두 32명으로 응답자의 74%를 차지, 대기업 최고경영자는 이 세 분야에서 주로 나온다고 할 수 있다.

최근 기술중시의 경영 흐름 속에서 기술직 출신은 4명, 현대중공업 최길선 사장, 대우건설 남상국 사장, LG전선 한동규 사장, 코오롱 조정호 사장이 이에 속한다. 연구직 출신은 2명, 2명 모두 박사 출신이다. 산업관리공학 박사인 현대자동차의 김동진 사장은 연구 파트에서 잔뼈가 굵었으며, 전자공학 박사인 KT의 이용경 사장도 미국 대학 교수를 거쳐 연구원 생활을 했다. 인사 전문가는 2명으로 한진해운의 최원표 사장과 CJ홈쇼핑의 조영철 사장이다.

남들과 다른 경력을 밟은 이들도 있다. 삼성전자 한용외 사장은 감사와 경영진단을 주특기로 했고, CJ의 김주형 사장은 구매분야에서 컸다. 원자재 구매가 많은 회사의 특성 때문이라는 것이 회사 측 설명이다. 금호산업의 신훈 사장은 보기 드물게 전산전문가이다. 대학에서 수학을 전공한 신 사장은 여러 회사에서 전산전문가로 활약했다.

'CEO가 된 뒤 직원시절 CEO에 크게 도움될 업무는 무엇이라고 생각하느냐'는 질문에 대부분 최고경영자들은 '친정', 즉 자신의 출신 분야를 제시했다. 자신이 성장한 분야에 대한 자부심이라고 할 수 있다.

그러나 이 질문에서도 영업 · 마케팅 업무가 강세였다. 비영업 파트 출신들도 영업 쪽에 손을 들어줘 영업 · 마케팅 출신 사장(15명) 수보다 많은 18명이었다. 기술이 중요하다는 사람도 5명으로, 기술자 출신 사장 수보다 많다. 하나은행 김승유 행장은 "다양한 업무 경험이 중요하다"고 말하기도 했다.

부하의견 수용 민주형 많아

이들에게 색다른 질문을 하나 던져 보았다. '부하 직원들을 통솔할 때 가장 효과를 본 것은 무엇이냐?'

가장 많은 23명이 '상사로서 기획력, 업무추진, 문제해결 등 능력을 발휘하는 것'이라고 답했다. 조직의 관리자는 일단 본인이 능력을 제대로 발휘해야 부하직원들이 움직인다는 의미로 해석된다. 두 번째로 '개인보다는 조직의 팀워크를 중시하는 태도'(14명)라는 답도 적지 않았다. 두 답을 합쳐 개인적으로 능력을 보이면서도 조직의 팀워크를 생각하는 관리자가 되면 경영자로서 자질은 입증되는 셈이다.

'정확한 신상필벌'(3명)과 '부하의 잘못을 감싸는 포용력'(2명)이라는 상반된 답변이 엇비슷하게 나온 것은 흥미롭다. 조직원들은 엄격한 성과 평가를 수긍하면서도 한편으로는 상관의 넓은 아량에 감읍하면서 충성심을 발휘한다고 할 수 있다.

또 이런 질문도 던져 보았다. '부하가 자신의 지시 업무에 불가능하다는 반응을 보일 때 어떻게 해결하는가?'

가장 많은 답은 '부하의 의견을 경청한 뒤 다시 한 번 생각했다'(28명)는 것이다. 아랫 사람의 의견을 수용하는 '민주적 상사형'이 가장 많은 셈이다. 두 번째는 '일단 업무에 착수한 뒤 결과를 보고하라고 지시했다'(10명). 상사의 지시를 무시하지 않고 일단 일을 착수하라는 성실추구형인 셈이다. '이유를 불문하고 반드시 업무를 달성하라고 재차 지시했다'(3명)는 불도저식 관리형태도 있다. 이밖에 '다른 부하에게 업무를 맡긴다'(1명)도 있다.

CEO 자신들은 과거 부하시절에 불가능하다고 판단된 업무를 지시받았을 때 어떻게 했을까. '일단 지시를 수용한 뒤 기회를 봐서 불가능한 이유를 설명했다'(21명)는 답변이 가장 많았다. 상사의 지시를 정면에서 거절하지 않는 '한국적 순종형'이 다수파인 것. '상사의 지시는 반드시 성과를 내도록 노력했다'(14명)가 두 번째. '하라면 해'라는 한국의 군대식 명령체제에 익숙한 것이 한국 기업의 회사원들이다.

'업무가 불가능한 이유를 설명하고 착수하지 않았다'(4명)는 '당돌한 부하'도 있다. '일단 업무에 착수하고, 후에 성과를 내지 못한 이유를 설명했다'(2명)는 답변은 '안전판 마련형'.

CEO의 가장 중요한 역할로 손꼽은 것은 '회사의 장기 발전 플랜 마련과 추진'이라는 입을 모았다. 모두 35명이 답해 5명 중 4명꼴이다. '구조조정 등 조직의 효율화'는 5명. '단기 목표 달성'은 2명이었다. KTF의 남중수 사장은 "CEO란 기업이 시스템적으로 경영되도록 도와주는 서포트 역할"이라는 답을 내놓기도 했다.

CEO가 된 후에 가장 역점을 두고 있는 업무로는 '기존 사업의 경쟁력 강화'(29명)를 가장 많이 제시했으며, 신규 수익사업 추진(9명)이 뒤를 이었다. 이밖에 인력감축과 구조조정 등 조직 재정비(2명), 부채감축 등 재무구조 개선(2명), 기술 · 연구개발 강화(2명) 등이었다.

자료 : 주간조선

3) 경영자의 역할(What do managers do?)

민츠버그(Mintzberg)는 경영자들이 어떻게 시간을 사용하며, 어떠한 업무를 하느냐를 실증적인 관찰자료에 근거하여 설명하였다.

Mintzberg는 경영자의 역할을 크게 대인적 역할, 정보적 역할, 의사결정적 역할의 3가지로 분류하였다.

(1) 대인적 역할

경영자의 역할 중 대인적 역할이란 경영자가 기업을 지속적으로 원만하게 운영하기 위해 도움을 주는 역할을 말한다. 대인적 역할은 다시 3가지로 분류할 수 있는데 첫째, 기업의 외형적 대표자로서의 역할, 둘째, 종업원을 채용 · 훈련 · 동기를 유발시키는 리더로서의 역할, 셋째, 연락자로서의 역할 등이 있다. 연락자로서의 역할이란 기업 내의 조직구성원들은 물론 기업 밖의 공급자나 고객 등과 같은 여러 이해집단들과의 접촉을 함에 있어 연락자로서의 역할을 의미한다.

(2) 정보적 역할

경영자의 역할 중 정보적 역할이란 경영자가 정보를 수집하고 전달하는 역할을 의미하는 것으로 정보적 역할은 세 가지로 분류할 수 있는데, 첫째는 모니터로서의 역할인데 이는 경영자가 정보를 꾸준하게 탐색함을 의미한다. 둘째는 전파자로서의 역할인데 이는 부하들이 필요한 중요한 정보를 전달해주는 역할을 의미한다. 마지막으로 대변인으로서의 역할이 있는데 이는 경영자가 수집한 정보의 일부를 기업 내부나 외부인들에게 전달해주는 역할을 말한다.

(3) 의사결정적 역할

경영자의 역할 중 의사결정적 역할이란 수집된 정보를 바탕으로 여러 가지 경영과 관련된 문제들을 해결하는 역할을 의미한다. 의사결정적 역할은 기업가로서의 역할, 분쟁해결자로서의 역할, 자원배분자로서의 역할, 협상가로서의 역할 등으로 분류할 수 있다.

첫째, 기업가로서의 역할은 경영자가 기업의 성장과 발전을 위해 노력하는 것을 의미한다. 둘째, 분쟁해결자로서의 역할이란 노사문제와 같은 기업내부적인 상황이나 기업과 고객 간의 법률적인 갈등 기업외부적인 분쟁상황이 발생됐을 때, 적극적으로 해결방안을 모색하는 역할을 의미한다. 셋째, 자원배분자로서의 역할이란 기업의 성과를 극대화시키기 위해 기업의 경영자원을 어떻게 배분할 것인가를 결정하는 역할을 말한다. 마지막으로 협상가로서의 역할이란 기업이 공급업자와 계약을 체결할 때 등과 같이 거래에 있어서 협상을 하는 역할을 말한다.

4) 경영층

경영활동의 내용이 많아지고 복잡해지면 한 사람의 경영자로서는 기업을 효율적으로 운영해 나가는 것이 어려워지게 된다. 따라서 여러 사람의 경영자가 서로 다른 경영기능을 나누어서 맡을 수 밖에 없게 되는데 이러한 집단을 경영층이라고 한다. 일반적으로 경영층은 최고경영층, 중간경영층, 일선경영층 등으로 나누어 볼 수 있다(임창희, 2002, p17).

(1) 최고경영층

조직의 전반적 경영을 책임지는 위치에서 조직의 외부환경과 상호작용하는 업무를 주로 맡으며, 회장을 비롯하여 사장이나 대표이사, 전무, 상무, 이사 등의 중역이 최고경영층에 해당한다.

(2) 중간경영층

최고경영층에서 결정한 방침과 계획을 일선 경영층에게 전달하고 지휘하며 중간에서 상하 경영층의 요구사항을 조율해 주는 역할을 한다. 팀장, 부장, 과장 등의 직급으로서 경영자율화에 따라 점차 중요성이 더해가고 있다.

(3) 일선경영층

자기가 맡은 실무 담당자의 과업을 감독하고 조언, 조정해준다. 감독자, 반장, 대리 등의 직급으로서 다른 경영자의 활동은 감독하지 않는다.

3 기업

* 기업의 유형

(1) 개인기업

개인기업(sole proprietorship)이란 한 사람이 단독으로 출자하고 지배하여 경영상의 모든 위험과 손실을 부담하는 대신 이윤도 한 사람이 모두 챙기는 형태의 기업을 말한다.

(2) 공동기업

공동기업(partnership)이란 두 사람 이상이 공동적으로 영리를 목적으로 만든 기업을 의미하는데 소수공동기업과 다수공동기업으로 분류할 수 있다.

먼저, 소수공동기업을 살펴보면, 기업의 유형은 여러 가지 관점에 따라 다양하게 나눌 수 있는데 법적으로 분류해보면 합명회사란 출자와 경영을 2인 이상이 공동으로 하고 회사 부채에 대해서 무한책임을 지는 형태이며, 합자회사는 일부만 책임을 지는 유한책임자와 무한책임자가 공동으로 설립한 회사이다. 유한회사란 모두가 유한책임 사원으로 출자만 하고 경영은 제3자가 하되 지분의 증권화나 타인에의 양도가 자유롭지 못한 것이 주식회사와의 차이점이라고 할 수 있다.

가) 합명회사

합명회사(unlimited partnership)는 2인 이상의 사원이 공동으로 출자하여 각 사원이 회사의 채무에 대하여 연대하여 무한책임을 지는 회사를 말한다. 따라서 각 사원은 출자와 동시에 원칙적으로 사원 전부가 경영을 담당하게 된다. 출자는 현금이나 현물 등의 재산뿐만 아니라, 노무도 출자할 수 있으나 각 사원의 지분은 다른 사원의 승인을 얻지 않고서는 그것의 전부 또는 일부를 자유로이 다른 사람에게 양도할 수 없다.

나) 합자회사

합자회사(limited partnership)란 무한책임사원과 유한책임사원의 두 종류로 구성되는 이원적인 회사로서 무한책임사원은 출자를 함과 동시에 경영을 담당하며, 유한책임사원은 출자만 하고 경영의 관리에는 참여하지 않는다. 출자에 있어서 무한책임사원은 합명회사의 사원과 마찬가지로 금전, 기타의 재산뿐만 아니라, 노무도 출자할 수 있으나, 유한책임사원은 금전과 현물에 한하여 출자할 수 있다.

다) 유한회사

유한회사(private company)는 사원전원이 그들의 출자액을 한도로 하여 기업채무를 변제한다는 유한책임을 부담하는 사원으로 조직되는 회사이다. 유한회사의 전 사원이 유한책임을 진다는 점은 주식회사의 경우와 같고, 전술한 합명회사 또는 합자회사와는 사원구성에 있어서 상이하다. 유한회사는 비교적 소수의 사원과 소수의 자본으로 운영되므로 중소규모의 기업경영에 주로 이용된다.

다수공동기업의 유형으로는 주식회사(corporation)가 있다.

(3) 주식회사

기업 활동이 점점 확대되면서 더 많은 자본이 필요하게 되어 한두 명이 가진 자본으로 충당하기는 어렵게 되었다. 이때 기업의 신용을 담보로 하고 기업이 책임을 지는 기업명의의 증서(증권 혹은 주식)를 발행하여 수 많은 사람들에게 나누어주고 자본을 모아서 설립된 기업이 주식회사이다. 특히, 산업혁명 이후 대량생산체제로 진입하면서 초대형기업의 필요성 때문에 거의 대부분의 기업들이 주식회사 형태를 취하게 되었다. 주식회사는 다음과 같은 특징을 가진다(임창희 2002, pp. 71~72).

가) 유한책임제도

주식을 산 출자자(사실상의 소유자)들은 자신이 출자한 지분에 대해서만 유한책임을 지기 때문에 많은 사람들이 안심하고 자본을 투자할 수 있게 된다. 무한책임이라면 어느 누구도 선뜻 자본을 출자하려 하지 않을 것이기 때문이다.

나) 주식제도

출자의 단위가 되는 주신의 단위당 금액을 소액(5천원, 만원 등)으로 균등화하였기 때문에 적은 자금밖에 없는 소위 소액주주들도 참여할 수 있으며 또한 주식의 매매나 양도가 자유롭다. 그러므로 더 많은 사람들에게 출자를 유도할 수 있어서 주식회사로 자본이 집중되어 거대자본으로 회사를 운영할 수 있는 장점이 있다.

다) 소유와 경영의 분리

주주들은 출자분 만큼 회사에 대해 권한을 갖지만 참여자본가의 수가 매우 크기 때문에 일부 주주들이 경영에 대한 결정권을 가지기 어렵다. 따라서 경영은 전문경영인에게 위탁한 셈이 되고 출자자는 배당이나 받으면 되기 때문에 경영능력이 없는 자본가들도 안심하고 투자를 할 수 있다. 그들은 또한 자신들보다 훨씬 경영능력이 뛰어난 전문경영자에게 회사운영을 맡길 수 있다는 장점도 있다.

제 03 장

국제경영과 다국적기업

1. 국제경영의 개념 및 의의
2. 다국적기업에 대한 이해
3. 다국적기업의 조직구조
4. 다국적기업의 인적자원관리

제3장 〉〉〉

국제경영과 다국적기업

사례 인도서 승승장구 LG전자를 가다

"인도는 인도인에" R&D도 맡겨 소니 누르고 시장점유율 1위에

인도 수도 뉴델리에서 신흥공업지대 그레이터 노이다(Greater Noida)로 가는 왕복 6차선 고속도로. 뉴델리에서 자동차로 40분쯤 달렸을까.

LG전자 인도법인 간판이 눈에 들어왔다. 인도에서 LG라는 이름은 'Life is Good' 의 약자로 통한다. 공장 밖에 써놓은 구호들이 이채로웠다. 'Great Company, Great People(강한 회사, 강한 인재)', 'Lead the Market, Create the Market(시장을 이끌고, 시장을 창조하자)' ...

"인도는 젊은 나라예요. 15세 미만 인구가 전체의 35%를 차지하지요. 인구의 30%인 3억을 잠재적인 구매계층으로 봅니다." 9년째 인도법인에 몸담고 있는 김광로(60) LG전자 인도법인 사장의 표정엔 자신감과 도전의식이 넘쳐난다.

"현재는 중국이 최대 시장이지만 머지않아 인도가 부상하게 될 것입니다." 실제 영어문화권인 인도인들에게 LG전자와 삼성전자, 현대자동차의 이미지는 한국 이상이다.

현지인에 예산, 인사권 줘

TV, 냉장고 등 LG전자와 삼성전자 제품들은 신혼부부들이 가장 갖고 싶어하는 최고 인기상품이다. 한국 제품을 가지고 있으면 다시 한 번 쳐다볼 정도라고 한다. LG전자는 인도에서 TV, 냉장고 등 대부분 제품에서 소니 등을 제치고 시장점유율 1위를 기록하고 있다. 제품별 점유율은 25~30% 내외다.

"올 매출목표는 20억 달러를 예상합니다. 2조원이 넘지요." 강호섭 부장(판매 · 마케팅 담당)은 "작년 매출액(12억 5000달러)보다 무려 60%가 많은 목표치"라면서도 자신감을 보인다. 성공 비결은 '철저한 현지화' 다. 그레이터 노이다 공장의 인도인 근로자 수는 2800여명. 한국인 근무자는 김광로 사장을 포함해 18명이 고작이다.

마케팅 · 연구개발(R&D) 등 모든 부서의 책임자(manager)는 인도인들이다. 부서별 예산권과 인사권까지 갖고 있다.

성과급제도 성공 밑거름

"한국인 근무자는 인도인들을 관리하는 게 아니라 조언자로서 지원하는 역할만 하고 있어요. 공식 업무 회의 이외에 주 2회 '피자미팅' 을 열어 인도 직원들의 애로사항을 청취합니다. 예상외로 결과가 좋아요.(전명종 부장)" 또 하나의 성공 요인은 '철저한 성과급제' 다. 부원들이 1000%가 넘는 성과급을 받았다고 한다.

연봉의 50%가 넘는 액수다. 철저한 현지화와 실적에 따른 성과급으로 LG전자는 인도의 문턱을 훌쩍 넘어버렸다.

그레이터 노이다(인도) 양근만 기자

자료원 : 조선일보 2005. 2.23.

1 국제경영의 개념 및 의의

국제경영이란 간단히 말해서 두 개 이상의 국가와 관련하여 이루어지는 모든 기업활동, 혹은 이를 경영하는 활동을 의미한다. 여러 학자들의 견해 중 대표적인 몇 개의 예를 들어보면 Robock과 Simmonds 및

Zwick는 그들의 공저인 『International Business and Multinational Enterprises』에서 국제경영을 다음과 같이 정의하고 있다. "국제경영이란 국경을 넘는 사업활동을 경영교육 및 학문적 연구의 대상으로 하는 분야로서, 여기서 국경을 넘는 사업활동의 대상에는 재화, 서비스, 자본, 인력, 기술이전 그리고 인력관리 등이 모두 포함된다"(International Business as a field of management training and scholarly research deais primarily with business activities that cross national boundaries, whether they be movements of goods, services, capital, or personnel ; transfer of technology ; or even the supervision of employees)(johanson & Vahlne, 1977).

한편 Robinson은 그의 저서 『International Business Management』에서 국제경영을 다음과 같이 정의하고 있다. "국제경영이란 한 나라, 한 영토 또는 한 식민지 이상의 사람 또는 기관에 영향을 미치는 공사(public and private)의 경영활동을 대상으로 하는 연구 및 실무의 한 분야이다(International Business as a field of study and practice encempasses that public and private business activity affecting the persons or instiutions of more than on national state, territory or colony)(Davidson, 1980).

다시 말해서 만약 기업의 모든 경영활동이 순순하게 국내에서만 이루어지지 않는다면 이 기업은 국제경영에 참여하고 있다고 말할 수 있다. 오늘날 거의 모든 기업들은 국제경영활동과 관련되어 있다고 해도 과언이 아니다. 우리들이 가장 잘 알고 있는 국제경영활동의 형태로는 수출입과 현지생산활동이 있다. 또한 라이센싱(licensing)과 프렌차이징

(frenchising) 등의 계약방식과 관광 · 운송 · 보험 등의 각종 국제서비스활동도 국제경영의 주요형태이다.

2 다국적기업에 대한 이해

다국적기업(multinational corporation)에 대한 정의는 여러 학자들마다 다양하지만, 일반적으로 두 개 국가 이상에서 현지법인을 운영하고 있는 기업이라고 정의할 수 있다. 다국적기업은 말 그대로 여러 개의 국적을 가진 기업을 뜻하는 것으로서 해외직접투자(foreingn direct investment)를 통해 현지 판매법인이나 현지생산법인을 소유하고 있는 기업을 의미한다.

그림 3-1 다국적기업의 기준과 명칭

관점	기 준	명 칭	학 자
구조	• 경영활동이 일어나는 국가의 수≥2	Multinational Firm	D.E. Lilienthal J. Fayerweather
	• 기업의 소유권자의 국적의 수≥2	Multinational Firm	J. Behrman
	• 최고경영층의 국적의 수≥2	Transnational Enterprise	D. Kircher
	• 6개국 이상에 제조업 투자	Multinational Enterprise	R. Vemen
	• 초국적주체에 의하여 관리되는 기업	Cosmo Corporation	G. Ball
성과	• 해외부문의 매출액 · 투자 · 생산 · 고용 등〉25%	International Corporation	S. Rolfe
	• 해외부분의 매출액 · 이익 · 자산 · 종업원수〉일정비율	Multinational Corporation	J. Bruck & F. Lee
형태	• 경영의 관점이 국제적 • 세계적인 관점에서 자원배분 • 본국중심적 사고, 현지중심적 사고, 세계중심적 사고 • 세계시장을 하나의 시스템으로 보아 각국의 경영전략을 유기적으로 조정	World Corporation Supernational Corporation Ethnocentric Firm Polycentric Firm Geocentric Firm Global Corporation	G. Clee & A. Discipio R. Robinson H. Perlmutter M. Porter

3 다국적기업의 조직구조

1) 다국적기업의 조직구조

Johanson과 Vahlne은 기업들의 해외진출과정이 처음에 수출로 시작하여 판매법인으로 확장되고, 그 다음단계에서 생산법인을 설립하여 순차적으로 해외시장에 진출한다고 주장하였다. 즉 점점 해외시장의 중요성이 증가함에 따라 그만큼 투자를 증대시킨다는 이론이다. 이러한 기업들의 순차적인 해외시장의 진출은 Johanson과 Vahlne의 주장대로 해외시장의 중요성이 점점 높아진다는 관점에서도 볼 수 있지만, 한편으로는 기업들이 해외시장에 대해서 순차적으로 진출하는 이유를 위험관리의 측면에서도 볼 수 있다. 다시 말하면 기업들이 해외시장의 진출 초반에는 경험부족과 현지시장에 대한 정보부족으로 수출로 해외시장에 진출한 후 어느 정도 해외시장진출에 대한 정보가 축적되면 판매법인을 설립하고, 그 이후에 생산법인을 설립하게 된다.

한편, Davidson은 기업이 세계의 여러 국가에 진출할 때에 동시다발적으로 진출하기보다 문화 · 언어 · 경제적 환경이 비슷한 국가로부터 상이한 국가의 순서로 순차적으로 진출한다고 주장하였다.

또한 장세진은 기업이 여러 사업부를 가지고 있는 다각화기업일 경우 현지기업에 비해 경쟁우위가 강한 사업부에 최초의 투자가 이루어지고, 경쟁우위가 약한 사업분야로 순차적으로 진입한다고 주장하였다(Chang, 1995 ; 장세진, 2004 : 250 재인용).

위에서 언급한대로 기업들이 해외시장에 순차적으로 진입하면서 다국적기업의 조직구조도 계속해서 변화하게 되는데, 그 내용은 다음과 같다.

(1) 수출부서 조직구조

내수위주의 기업이 수출량이 늘어나면서 수출만을 전담할 조직을 영업부 산하에 두는 조직구조를 말한다. 처음에는 수출부서를 조직하여 활동하다 수출제품이 증가하고 수출지역이 다변화되면서 수출부서가 제품별 혹은 지역별로 분화된다.

(2) 국제사업부 조직구조

국제사업부 조직구조는 기업들이 해외시장에 대한 비중이 증가하면서 기존의 제품별 국내사업부와 마찬가지로 해외영업부나 국제사업부와 같은 새로운 사업부를 설치하여 국제업무를 담당하게 하는 조직구조를 말한다. 국제사업부 조직구조는 내수에 초점을 맞추는 조직구조이기 때문에 주요의사결정권한이 내수위주의 제품별 사업부에 집중되어 있다. 그렇기 때문에 국제사업부는 해외영업의 제한된 영역에서 의사결정권한만 행사할 수 있기 때문에 전반적인 기업활동이 내수위주에 초점이 맞춰지는 조직구조이다.

(3) 글로벌사업부 조직구조

기업의 해외사업비중이 증가하면서 국제사업부 조직은 글로벌사업부 조직으로 확대개편되는데, 기업의 상황과 해외시장의 외부환경에 따라 제품별 글로벌사업부제와 지역별 글로벌사업부제 및 글로벌 매트릭스조직 중에서 선택해서 운용한다. 세 조직구조의 특성은 다음과 같다.

가) 제품별 글로벌사업부제

국제사업부가 별도로 존재하였던 국제사업부 조직은 내수부문은 제품사업부로, 해외부문은 국제사업부로 각각 분리되어 운영되었지만, 제품별 글로벌사업부제 조직구조에서는 개별제품별 사업부가 내수부문과 해외부문을 모두 관리하게 된다. 현재 글로벌경쟁을 하고 있는 서구의 대규모기업들의 구조를 살펴보면, 대부분의 경우 글로벌제품별 사업부제 조직을 갖춘 기업들이 많은데, 그 이유는 제품별 사업부가 내수사업만이 아니라 해외영업과 전 세계에 대한 모든 생산과 판매활동을 함으로써 규모의 경제를 살리고, 제품을 동시다발적으로 많은 시장에 판매하는 등 효율적인 생산체제를 갖출 수 있다는 점에서 글로벌사업부 조직의 장점이 있다고 하겠다(장세진, 1994 : 356~357).

그러나 제품별 글로벌사업부제 조직구조는 해외사업관련 제품사업부간 조정의 어려움이 있고, 해외지역에 대한 전문성이 축적되어 활용되기가 어렵다. 또한 제품사업부간 지역에 대한 정보가 공유되지 못하고, 해외에 있는 다제품 생산공장의 경우 원가배분과 수익측정 등에서 갈등요소가 존재하는 단점이 있다.

나) 지역별 글로벌사업부제

지역별 글로벌사업부제는 전 세계 지역을 몇 개의 주요지역으로 나누고 각각의 지역사업부가 생산 · 판매 · 연구개발 등을 책임지는 조직구조이다. 지역별 글로벌사업부제는 현지시장 특성에 맞추어 제품의 생산과 마케팅을 현지화시킬 수 있는 장점이 있지만, 의사결정권한이 지역사업부에 있기 때문에 개별제품의 글로벌 표준화 가능성이 약해지고, 제품에 대한 전문지식 축적 및 활용이 어렵게 된다.

지역별 글로벌사업부제는 다음과 같은 경우에 적용할 수 있다.

① 현지국가의 특수한 여건에 대응하여 지역별 생산체제를 갖출 필요가 있는 기업의 경우

② 제품이 상당히 표준화되어 있어 기술적인 문제보다는 마케팅이 중요한 이유

③ 제품이 제품수명주기상 성숙단계에 위치하는 경우

④ 현지시장의 여건에 대응하는 것이 가장 중요한 목표인 경우

⑤ 총매출에서 해외시장의 매출비중이 확대되는 경우

다) 글로벌 매트릭스 조직구조

매트릭스 조직은 기업을 제품차원과 지역차원으로 나누어 조직에 소속된 모든 사람들을 제품과 지역 양쪽 조직에 속하게 만든 조직형태이다. 매트릭스 조직은 해당사업부가 제품측면과 지역측면을 함께 같은 비중으로 관리하기 때문에 제품과 지역차원에서 발생하는 경영문제를 유연하게 관리할 수 있는 장점이 있다(전용욱 외, 2003 : 50~51).

그러나 매트릭스 조직을 취했던 많은 기업들이 얼마후 다시 지역별 혹은 제품별 사업부조직으로 돌아가게 되었는데, 그 가장 큰 이유는 매트릭스 조직이 구조상 무척 복잡하고 혼란스럽기 때문이다. 특히 두 명의 상급관리자의 지시를 받아야 하는 중간관리자들에게는 만약 제품별 상급관리자와 지역별 상급관리자의 의견이 다를 경우 어느 의견을 따라야 하는지의 문제가 발생하게 된다.

2) 해외자회사의 유형

Barlett과 Ghoshal은 다국적기업 조직이 획일적인 통제 시스템을 가진 조직이 아니라 각 시장의 특성과 개별 자회사의 능력에 따라 차별화된 네트워크 조직이라고 주장하였다. 또한 자회사의 현지시장의 중요성과 자회사의 핵심역량에 따라 전략적 리더(strategic leader), 기여자(contributor), 실행자(implementer), 블랙홀(black hole)의 4가지로 분류하였다(Barlett & Ghoshat, 1989). 여기서 핵심역량(core competencies)이란 경쟁기업에 비해서 우월한 능력을 의미한다.

(1) 전략적 리더

전략적 리더(strategic leader)란 자회사가 전략적으로 중요한 시장에 위치하고 있고, 높은 수준의 핵심역량(core competencies)을 보유하고 있는 경우를 말한다. 여기서 전략적으로 중요한 시장이란 다음과 같은 면에서 평가될 수 있다(장세진, 2004 : 181~182).

① **시장규모가 크고 그 시장에서 이익을 얻을 수 있는 가능성이 높은 시장** : 주요시장에서 성공하면 그만큼 규모의 경제를 활용할 가능성이 높아지고, 신규시장의 진출을 위한 재원 마련에도 크게 도움이 된다.

② **글로벌 고객의 모국** : 글로벌 고객을 상대하는 기업은 전 세계적으로 사업활동을 하는 고객에게 효과적인 서비스를 제공하기 위해서 고객의 모국과 그 고객이 활동하는 주요국가에 진출하고 있어야 한다.

③ **경쟁기업의 내수시장** : 경쟁기업을 가장 효과적으로 견제할 수 있는 방법은 그 경쟁기업의 가장 중요한 시장을 공략하는 방법이다.

④ 기술혁신이 많이 일어나는 시장 : 기술혁신의 본거지에 위치하는 것은 뛰어난 기술력을 확보함과 동시에, 경쟁기업의 움직임을 포착하는 데 크게 도움이 된다.

(2) 기 여 자

기여자(contributor)란 시장규모가 작거나 전략적으로 중요하지 않은 시장에 위치하고 있지만 높은 수준의 핵심역량을 보유하고 있는 자회사의 유형을 말한다.

(3) 실 행 자

실행자(implementer)란 전략적으로 그다지 중요한 시장에 위치하고 있지 않으며, 단순한 현지업무를 수행할 수 있는 정도의 핵심역량을 보유한 자회사의 형태를 의미한다.

(4) 블 랙 홀

블랙홀(black hole)은 본사에서 계속해서 경영자원을 투입해도 핵심역량을 개발하지 못하는 자회사의 형태를 의미한다.

그림 3-2 해외자회사의 유형

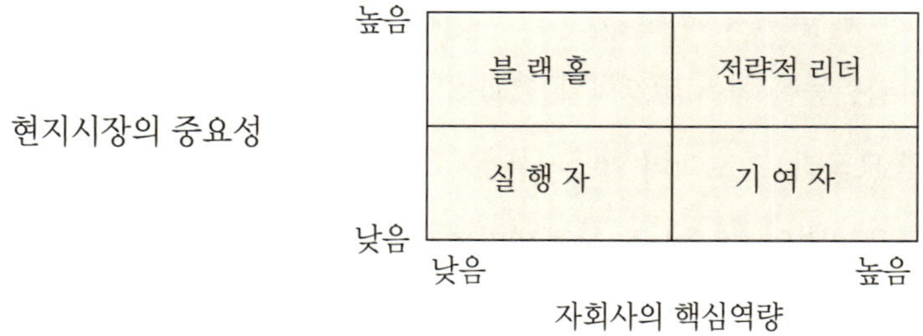

3) 해외지역 본사제도

(1) 해외지역 본사제도의 개념

해외지역 본사(regional headquarters)제도란 지역별 전략국가에 현지를 관할하는 제2의 본사를 설립하는 것을 말한다. 해외지역 본사는 금융 · 정보 · 컨설팅 · 자원조직을 전략적으로 보강하여 제반 경영요소의 통합 · 분배 · 조정기능을 갖게 되며, 이러한 해외지역 본사제도가 정착되면 지역 내 사업장 간의 시너지효과가 극대화될 뿐만 아니라, 현지에서 신속한 의사결정이 이루어지고, 현지문화에도 쉽게 적응할 수 있게 된다.

(2) 해외지역 본사의 역할

해외지역 본사의 역할은 기업적인 역할과 통합적인 역할로 분류할 수 있다. 기업적인 역할은 신규사업 추진과 해외지역전략 실행력 강화 및 전략지역에 대한 상징부여 등의 역할을 수행하는 것을 의미한다.

첫째, 신규사업추진의 역할이란 해당지역 내 신규사업을 개발하고, 개발과 관련된 마케팅정보 · 전략정보를 수집하며, 사업기회를 발굴하고, 제휴대상기업을 탐색하는 역할 등을 수행하는 것을 말한다.

둘째, 해회지역전략 실행력 강화의 역할이란 다음과 같은 내용을 의미한다. 환경의 변화가 빠른 지역이나 시장정보와 경쟁정보가 체계적으로 수집되지 않은 지역의 경우 본사의 글로벌 전략의 차원에서 사업 추진이 어려운 경우가 많이 있다. 또한 국가별로 나뉘어져 있는 지역의 경우도 특정국가의 관리자가 사업추진에 대한 아이디어를 본사전략에 반영시키기 어려운데, 이러한 경우 해외지역 본사는 글로벌 전략에 지역 및 국가전략을 반영할 때, 특정국가의 아이디어를 적극적으로 반영하는 역할을 수행할 수 있다.

셋째, 전략지역에 대한 상징성 부여의 역할이란 특정지역이 전략적으로 중요하다고 판단될 때 대내외적으로 중요성을 알리는 역할을 들 수 있다. 그러기 위해서는 먼저 대내적으로 본사의 사업담당 또는 자원담당의 임원들에게 지역의 미래 잠재력에 대한 확신을 심어 주고 태도의 변화를 일으키게 하는 역할을 담당해야 하는데, 이러한 상황에서 지역본사 담당자는 고위임원이어야 한다.

통합적 역할은 조정역할과 자원공동활용의 역할로 나눌 수 있다. 조정역할이란 지역전략과 사업전략이 서로 일관성을 유지하고, 상호 상충되지 않게 하면, 사업간 혹은 국가 간 시너지효과가 충분히 발휘될 수 있게 하는 역할을 의미한다.

자원의 공동활용은 지원센터기능과 관리센터기능으로 나눌 수 있다. 지원센터기능이란 역내 자회사간 업무가 중복되어 낭비가 발생되는 경우 이를 관장하여 공통 서비스를 제공하는 역할을 수행하는 것을 의미한다. 예를 들면, 입찰준비 · 재고관리 · 인적자산관리업무 · 제품개발 등의 업무가 있다. 관리센터의 기능은 외환관리 · 조세관리 · 재무관리 등을 효율적으로 수행하기 위하여 특정자원의 집중관리를 위한 전문가를 공동활용하는 역할을 의미한다.

(3) 해외지역 본사제도의 성공요건

가) 권한있는 임원의 지역본사 배치

해당지역 내 법인들에게 실질적인 조언을 하고 권한을 행사할 수 있는 임원이 지역본사에 배치되면 지역본사의 위상이 높아질 것이다.

나) 본사와의 협력

해외지역 본사의 현지화 추구 전략에도 불구하고 일반적인 경우에 대부분의 경영자원을 본사가 보유하고 있기 때문에 현실적으로 본사와 해외지역 본사와의 협력이 필요하다. 그러기 위해서는 본사에서는 지역본사에 힘을 실어 주는 노력이 필요하고, 해외지역 본사의 입장에서는 본사의 의사결정권자와의 정기적인 만남을 통하여 권한을 부여받을 수 있다.

다) 현지인력의 활용

지역 내 현지화(localization)를 추진하기 위한 해외지역 본사의 인사정책은 본사에서 파견된 관리자의 활용이 아니고 효과적인 현지 인적자원의 활용이다. 따라서 우수한 현지 인적자원의 선발과 교육 프로그램의 개발 및 선발 · 교육된 우수한 인적자원의 효과적인 관리가 중요하다.

라) 경영자원 보유를 위한 노력

핵심적인 자원의 본사보유로 해외지역 본사의 책임 및 권한은 제한적일 수밖에 없다. 해외지역 본사의 궁극적인 목적인 각 지역에 본국모회사의 기능에 필적하는 능력을 구축하기 위해서는 경영자원의 독립된 기업으로서의 경영능력을 겸비했을 때만 가능하다.

마) 본국중심주의적 사고방식의 타파

본국중심주의적 사고방식이란 본국에서 파견된 해외파견인력이 현지국에 가서도 본국의 가치관과 행동방식을 그대로 적용하려는 성향을 의미한다. 이러한 본국중심주의적인 사고방식은 서로 이질적인 문화환경 속에서 효과적인 해외사업을 운영하는데 있어서 커다란 장애요인이 될 수 있다.

4) 해외자회사 자율성의 개념

해외자회사의 자율성은 다국적기업의 해외자회사에 대한 통제(control)에 관한 문제인데, 그 중에서도 의사결정의 집권화(centralization)와 분권화(decentralization)와 관련된 문제이다. 즉 해외자회사(subsidiary)를 관리하는데 있어서의 의사결정권한을 본사와 자회사가 어떻게 보유하고 배분하는가에 관한 문제이다. 다시 말하면 다국적기업 해외자회사의 자율성(autonomy)이란 해외자회사가 본사(headquarters)의 통제(control)와 상관없이 가질 수 있는 의사결정권한(decision-making authority)의 정도(degree)를 의미한다. 지금까지 다국적기업 해외자회사의 자율성 결정요인에 관한 많은 연구들이 진행되었지만 아직까지 일관된 연구 결과들이 도출되지 못하고 있다.

5) 본사 전략과 자회사 자율성

다국적기업의 해외자회사들은 조직구조상 기업의 일부이지만 지리적으로 다른 국가에 위치하고 있다.

다국적기업들은 해외자회사를 관리하는데 있어서 이러한 특수한 상황을 고려해야 한다. 많은 산업에서 글로벌화가 촉진되면서 다국적기업 내부적으로 다른 여러 부서들이 하나로 통합되기 위해서 하나의 중요한 전략이 요구되는데, 이러한 상황은 다국적기업의 통합적인 활동을 촉진한다(Porter 1986 ; Prahalad and Doz 1987). 동시에, 다국적기업은 현지국 소비자들의 독특한 취향과 특수한 상황을 고려해야 하며, 많은 산업에서는 글로벌화와 현지화가 동시에 요구되기 때문에 다국적기업들은 이러한 두 가지 요구를 모두 만족시키기 위해 노력한다(Bartlett and Ghoshal 1987). 위에서 언급된 두 가지 전략적인 요구인 통합(integration)과 차별화(differentiation)는 다국적기업들의 전략과 밀접한 관련이 있다. 글로벌화가 가속화되면서 나타나는 다국적기업들의 국제화 유형은 크게 세 가지로 나누어 볼 수 있다. 그 세 가지는 현지화 전략(multidomestic strategy), 글로벌 전략(global strategy), 초국적 전략(transnational strategy)이다.

첫째, 현지화 전략을 구사하는 다국적기업은 기업활동의 범세계적인 배치는 넓게 퍼져 있으면서 기업활동의 범세계적인 조정은 낮은 형태의 전략을 사용한다. 다시 말하면 현지화 전략을 사용하는 다국적기업의 형태를 의미하는데 이러한 다국적기업들은 각 국가별로 자회사를 설립하고 각 자회사의 관리는 각 국가별 자회사에 일임하는 형태의 전략을 구사하기 때문에 본사와 자회사의 협조관계는 긴밀하지 못한 경향을 나타낸다. 산업별로는 건설, 제약 등의 업종에서 주로 이루어진다.

둘째, 글로벌 전략을 사용하는 다국적기업들은 기업활동의 범세계적인 배치는 지역적으로 집중화되어 있으면서, 기업활동의 범세계적인 조정은 높은 강도인 국제전략을 의미한다. 여기서 기업활동의 범세계적인 조정이 높은 강도라는 것은 본사에서 자회사에 대한 통제의 정도가 강하다는 의미이다. 즉, 다국적기업의 본사가 전 세계 주요 지역에 소수의 자회사를 설치하고 본사가 강하게 조정하고 통제하는 형태의 전략을 의미한다. 이러한 전략은 가전제품과 같이 표준화된 제품의 시장에 적합한 전략이며 규모의 경제를 이용하여 비용을 절감할 수 있는 장점이 있다.

셋째, 초국적 전략을 구사하는 다국적기업들은 기업 활동의 범세계적인 배치가 지역적으로 넓게 퍼져 있으면서 기업 활동의 범세계적인 조정의 강도가 높은 형태의 국제 전략을 의미한다. 초국적 전략을 구사하는 다국적기업들은 세계 여러 지역에 해외직접투자를 통해서 해외자회사를 설립하고 이들 자회사에 대해서 강력한 통제를 하는 전략을 구사한다.

대부분의 국제경영 관련 연구에서는 기업의 유형을 낮은 통합(low integration)과 높은 현지화(responsiveness)로 구성된 국가별(multidomestic)기업, 높은 통합과 낮은 현지화로 구성된 글로벌기업, 높은 통합과 높은 현지화로 구성된 초국적(transnational)기업으로 구분한다.

지금까지 통합적인 시각에서 다국적기업의 유형을 분류한 연구는 매우 미미한 편인데, 그래도 Bartlett and Ghoshal(1989)의 연구가 가장 폭넓은 연구라고 할 수 있다. Bartlett and Ghoshal의 연구 중 초국적기업(transnational)에 대한 연구가 이 분야에서 가장 많은 영향을 미쳤다고 할 수 있다. 하지만 Bartlett and Ghoshal의 연구는 단지 9개의 다국적기업만을 대상으로 하였고 다양한 종류의 특성을 체계적으로 분석하지 못하였다(Harzing, 2000).

같은 유형의 다국적기업을 표현하는데 있어서 학자들끼리 약간의 표현의 차이가 있다. 예를 들어 Bartlett and Ghoshal(1989)의 표현과 달리 Adler and Ghadar의 연구에서 글로벌(global)기업은 Bartlett and

Ghoshal 연구의 초국적기업(transnational)을 의미하고 'multinational' 과 'international' 은 글로벌과 현지화 기업을 의미한다.

Bartlett and Ghoshal(1990)은 다국적기업의 주요한 글로벌 전략을 비용적인 측면과 현지화에 대한 압력의 정도에 따라 현지화 전략(multidomestic), 글로벌 전략(global), 초국적 전략(transnational)등으로 분류하였다. 국가별 전략을 추구하는 다국적기업들은 일반적으로 각국에 자회사를 설립하고 자회사의 운영은 자회사에게 일임하기 때문에 본사와 자회사 간의 상호의존성이 낮은 전략유형이다. 글로벌 전략은 경험효과와 지리적 장점을 이용해 비용절감을 추구하는 전략이라고 할 수 있는데 기업이 생산, 마케팅, 연구개발 등을 수행함에 있어서 세계 주요한 몇 지역에 자회사를 설치해 두고 본사에서 자회사들을 통제하는 형태의 전략이다. 초국적 전략은 다국적기업이 경쟁이 치열한 글로벌 경영환경하에서 생존하기 위해서 세계 여러 지역에 자회사를 설치해두고 비용절감 효과가 있는 글로벌 전략의 추구와 동시에 현지화에 대한 압력에 대해서도 대처하는 전략을 말한다. 현지화란 소비자의 선호도에 대한 지역적인 차이에 대한 자회사가 반응하는 범위를 말하는데 그렇기 때문에 자회사의 전략과 역할에 있어서 매우 중요한 구성요소이다(Harzing, 2000).

경쟁적인 측면을 살펴보면, 글로벌기업과 초국적기업은 글로벌 수준에서 경쟁해야 하지만 현지화 기업은 국내적으로 경쟁해야 한다. 조직구조를 살펴보면, 글로벌기업은 집권화되어 있고 자회사는 주로 본사의 전략을 보완해주는 역할을 수행한다. 이것이 제품과 전략에 있어 연결고리 역할을 수행한다는 의미이다(Harzing, 2000). 현지화기업은 특성상 분권화되어 있고 조직의 구조가 상대적으로 느슨하다. 초국적기업은 현지화와 글로벌의 특성을 모두 포함하고 있다. Bartlett and Ghoshal (1989)은 글로벌기업의 전략적인 기본은 규모의 경제를 이용해 비용을 절감하는 것이고 현지화기업은 국가 간의 차이에 대해 최대한 반응하는 것이고 초국적기업은 위에서 언급된 두 가지 요구에 대한 측면을 동시에 모두 수용하는 것이라고 하였다.

Perlmutter(1969)는 다국적기업이 추구하는 목표, 통제방식, 의사소통, 자원배분, 전략, 구조 및 문화 등에 따라 다국적기업의 경영방식을 본국지향(ethnocentric), 현지지향(polycentric), 지역지향(regiocentric), 세계지향(geocentric) 등 네 가지로 분류하였다(1985). 본국지향 방식은 본사가 대부분의 의사결정권한을 가지고 자회사들을 통제하는 방식이고, 현지지향 방식은 현지 자회사의 경영을 현지 관리자에게 일임하는 방식이며, 지역지향 방식은 경영환경이 유사한 국가들을 하나의 지역으로 통합해서 경영하는 방식이며, 세계지향 방식은 글로벌화와 현지화를 동시에 추구하는 경영방식으로 본사와 자회사, 자회사와 자회사 간에 글로벌 네트워크를 구성하여 협조하는 방식을 말한다.

Perlmutter의 다국적기업 분류방식과 자회사의 자율성 관계를 살펴보면 본국지향 방식은 본사가 대부분의 의사결정권한을 가지고 있기 때문에 자회사의 자율성이 가장 적다고 할 수 있고, 현지지향 방식은 자회사의 경영을 현지 관리자에게 일임하는 방식이기 때문에 자회사의 자율성이 가장 많은 다국적기업의 유형이라고 할 수 있다.

6) 자회사 유형과 자율성

다국적기업의 국제경영활동과 관련된 주요한 유형과 역할에 대한 연구들을 살펴보면 Holm and Pedersen(2000), Bartlett and Ghoshal(1990), Jarillo and Martinez(1990) 등의 연구가 있다.

(1) Holm and Pedersen의 연구

Holm and Pedersen(2000)은 자회사의 역량보유 정도와 그 역량(competence)을 다국적기업 전체에서 사용할 수 있는 정도(level of MNC use of subsidiary competence)에 따라 자회사의 유형을 center of excellence, unit of excellence, non-excellent unit center, unit with local threshold competence 등의 네 가지로 분류하였다.

center of excellece로 발전한 다국적기업의 자회사들은 center와 excellence의 두 가지 중요한 특성을 가지고 있으며, 시장에서 다른 경쟁자들에 비해 경쟁우위를 가질 만한 확실한 역량을 가지고 있는 자회사는 excellent 하다고 할 수 있다. 이러한 자회사들의 역량이란 생산, 제품개발, 마케팅 등 기업의 기능별 부문에 있어서의 역량을 의미한다. center of excellence는 center와 excellent의 특성이 모두 필요하다. Holm and Pedersen은 자회사의 역량보유의 정도와 그 역량을 다국적기업 전체에서 사용할 수 있는 정도에 따라 자회사를 위에서 언급된 네 가지 유형으로 분류하였다. 첫째, center of excellence는 자회사가 보유한 역량이 우수하고 이러한 자회사의 역량이 다국적기업의 다른 unit에서 사용되는 정도가 높은 유형의 자회사이다. 둘째, unit of excellence는 자회사가 확실한 역량을 개발했지만 이러한 역량이 다국적기업 전체적으로 사용되지 못하고 특정 자회사에서만 독자적으로 사용되는 자회사 유형을 말한다. 셋째, units of local threshold competence는 다른 경쟁자들에 비해서 확실한 역량도 보유하지 못하고 다국적기업 전체적으로 자회사의 역량이 적용되고 있지 못한 자회사의 형태이다. 마지막으로 non excellent center는 다국적기업의 본사에서 center로 임명을 받았지만 아직 set up이 덜 돼서 확실한 역량을 개발하지 못한 상태의 자회사이거나 center of excellence의 위치에서 확실한 역량이 상실되어 non excellent center로 변화한 유형을 들 수 있다.

(2) Bartlett and Ghoshal의 연구

Bartlett and Ghoshal(1989)은 다국적기업의 자회사를 현지시장의 중요성과 자회사의 핵심역량 보유정도에 따라 전략적 리더, 기여자, 실행자, 블랙홀의 네 가지 유형으로 분류하였다. 첫째, 전략적 리더(strategic leader)는 전략적으로 중요한 시장에 위치하고 있는 자회사가 높은 수준의 핵심역량을 보유하고 있는 경우이며, 둘째, 기여자(contributor)는 전략적으로 그다지 중요한 시장에 위치하고 있지는 않지만 높은 수준의 핵심역량을 보유하고 있는 자회사의 유형을 말한다. 셋째, 실행자(implementer)는 전략적으로 그다지 중요하지 않은 시장에 위치하고 있으면서 현지업무만을 수행하는 자회사 유형이며, 넷째, 블랙홀(black hole)은 본사에서 경영자원을 투입하지만 핵심역량을 보유하지 못한 자회사 유형을 의미한다.

(3) Jarillo and Martinez의 연구

Jarillo and Martinez(1991)는 현지화 정도와 조직과의 통합정도에 따라 자회사를 autonomous 자회사, active 자회사, receptive 자회사 등 세 가지 유형으로 분류하였다. 첫째, autonomous 자회사는 다른 유형의 자회사들과 비교해서 상대적으로 기업의 대부분의 기능적인 부문을 독립적으로 운영한다. 둘째, receptive한 자회사는 몇몇 기능 부문을 수행하며, 마지막으로 active한 유형의 자회사는 많은 기능별 부문을 수행하며 본사 및 다른 자회사들과 상호의존적인 관계를 형성한다. 그래서 탄탄한 네트워크를 통한 active한 node를 구성하게 된다. 여기서 중요한 점은, 초국적전략을 구사하는 모든 다국적기업들이 active한 전략을 구사하지는 않는다는 것이며, 사실상 통합적인 다국적기업의 대부분의 자회사들은 receptive한 전략을 구사한다고 할 수 있다.

(4) Gupta and Govindrajan의 연구

Gupta and Govindrajan(1991)은 지식흐름의 패턴(knowledge flow pattern)을 기준으로 자회사의 유형을 integrated player, global innovator, implementer, local innovator 등의 네 가지로 분류하였다. 먼저, Gupta and Govindrajan이 정의한 지식흐름이란 기술이나 능력과 같은 전문지식(expertise)이나 전략적 가치가 있는 외부시장(external market)의 자료(data) 이전(transfer)을 의미한다. 전문지식 유형의 이전은 구매기술(purchasing skills)과 같은 투입과정(input process), 제품디자인, 과정디자인, 포장디자인(product design, process design, packaging design)과 같은 throughput(처리량)과

정, 혹은 마케팅 노하우와 유통 전문지식과 같은 결과과정 등을 들 수 있다. 외부시장 자료의 이전이란 핵심고객, 경쟁자, 공급자에 관련된 글로벌한 정보를 말한다. 하지만, 월 재무자료와 같은 기업 내부적인 행정 정보(internal administrative information) 등의 이전을 의미하는 것은 아니다. 위에서 언급된 지식흐름의 패턴에 따라 자회사의 유형을 분류한 것에 대해서 좀 더 자세하게 설명하면 두 가지 요인으로 요약할 수 있는데, 첫째, 자회사가 지식의 흐름을 본사 및 다른 자회사들에게 얼마나 유출(outflow)시키느냐 하는 점과, 둘째, 자회사가 본사 및 다른 자회사들로부터 지식을 얼마나 유입(inflow)하는가 하는 정도에 관한 것이다. 위에서 언급된 바와 같이 지식흐름의 패턴 면에서 분류된 네 가지 자회사의 유형 중 global innovator(high outflow, low inflow)의 역할은 다른 자회사들에게 근원(fountainhead)의 역할을 한다. 전통적으로 특히, 미국과 일본의 다국적기업들은 글로벌 혁신자의 역할을 국내에 위치한 본사에서 수행하였다. 그러나 Bartlett and Ghoshal(1989), Harrigan(1994), Ronstadt and Kramer(1992) 등의 연구에 의해서 변화를 겪게 되었는데 그 내용은 국가의 다양성과 기술적 발전으로 변화를 가져오게 되었다는 이론적인 설명이다.

integrated player(high outflow, high inflow)의 역할도 global innovator의 역할과 유사한데, 왜냐하면 integrated player에서 창출된 지식을 다른 자회사들이 활용할 수 있는 책임을 내포하고 있기 때문이다. 하지만 글로벌 혁신자 유형의 자회사와는 다르게 integrated player는 자사의 지식적 필요를 스스로 충족시킬만한 역량을 보유하지 못하였다. integrated player의 대표적인 사례로는 IBM사의 일본 자회사를 들 수 있다. implementer(low outflow, high inflow)의 역할은 직접 지식을 창출하지는 않지만 본사나 다른 자회사들로부터 많은 지식을 받아들이는 유형의 자회사이다. local innovator(low outflow, low inflow)는 대부분의 기능적인 부문에서 거의 완전하게 지역적인 책임을 맡고 있는 유형의 자회사로 전통적으로 multidomestic 다국적기업들이 local innovator의 역할을 수행하였다. 또한, local innovator의 역할은 초국적기업이나 글로벌기업에서도 나타날 수 있는 자회사 유형이다. local innovator의 사례로 KFC의 일본 자회사를 들 수 있는데 대부분의 KFC는 미국의 본사와 여러 가지 면에서 유사하지만 일본의 자회사는 메뉴, 규모, 건축적인 부분, 광고테마 등이 미국이나 다른 국가와는 매우 다르다. 한편, Gupta and Govindrajan의 연구에 대하여 Johnston (2005)은 Gupta and Govindrajan의 연구는 너무 자회사의 관점에서 연구가 진행되었고, 본사 및 자회사들끼리의 활발한(munificence) 거래는 직접적으로 서로 상호의존성과 관련이 있기 때문에 다국적기업의 전체적인 통합의 정도(degree of integration)에 영향을 준다고 하였다. 또한 본사 및 자회사들 사이에서 일어나는 지식의 유입과 유출을 통해서 자회사의 자율성 정도를 이해할 수 있음을 내포하고 있다고 하였다.

(5) Benito an Narula의 연구

Benito and Narula(2003)는 외부환경이 자회사의 역할에 어떠한 영향을 미치는지 연구하고자 하였는데, 외부환경은 자회사의 범위(scope)와 경쟁우위(level of competence)에 중요한 영향을 미친다.

Benito and Narula(2003)는 연구를 통해서 다국적기업의 자회사가 새로운 역할을 통해서 기업 전체를 발전시키는 것에 대한 중요성에 초점을 맞추면서, 높은 수준의 경쟁우위를 창출하는 자회사일수록 더 많은 자율성을 누린다고 하였다. 또한 다국적기업 자회사의 유형을 경쟁우위 보유의 정도(level of competence)와 활동의 범위(scope of activities)에 따라 strategic center, highly specialized unit, miniature replica 등으로 분류하였다. 먼저 miniature replica는 많은 활동을 하지만 경쟁우위 수준이 낮은 유형의 자회사로 기본적으로 본사의 통제를 벗어나지 못하는 자회사이다. 이러한 유형의 자회사들은 전략적인 위치에서 규모와 범위의 경제를 통해서 가치를 창출하는 전형적인 유형이라고 할 수 있다. 한편 활동의 범위는 낮지만 높은 수준의 경쟁우위 수준을 보유한 highly specialized unit은 지식(knowledge)과 경쟁력을 통해서 다국적기업 전체의 가치를 창출한다. 일반적으로 이러한 유형의 자회사들은 연구개발활동(research and development activities)과 관련된 자회사들이 많다.

Benito and Narula의 연구에 나타난 자회사의 유형과 자율성의 관계를 살펴보면 높은 수준의 경쟁우위를 보유한 자회사의 유형일수록 더 많은 자율성이 있다는 저자들의 이론을 바탕으로 보면 가장 많은 자율성을 가지는 자회사의 유형은 strategic center이며, 자율성이 가장 적은 유형의 자회사는 miniature replica라고 할 수 있다.

사례 중국 "쑤저우 신라" 오픈하는 신라 이만수 사장

"해외체인 10년 내 200개 만들 것"

호텔 사업은 흔히 성장성이 낮은 업종으로 분류된다. 수익을 내는 객실과 식당의 규모가 정해져 있는 데다, 시장이 포화상태에 있어 신규 투자 위험이 크기 때문이다. 특히 포시즌스, 하얏트, 힐튼, 메리어트 등 유명 호텔 브랜드들이 세계 시장의 대부분을 장악하고 있어 국내 브랜드가 해외 시장에 파고들 여지가 많지 않다. 이런 상황에서 국내 토종 브랜드인 신라호텔이 호텔 브랜드로는 처음으로 중국 시장에 진출했다. 신라호텔은 1일 중국 쑤저우에서 5성급인 '쑤저우 신라호텔'을 공식 오픈했다. 객실 308개, 식당 4개, 컨퍼런스홀 1개, 회의실 9개를 갖춘 이 호텔은 현지 투자 개발회사인 젠웨이가 올해 4월 완공한 것으로, 신라호텔이 20년간 위탁 경영을 하게 된다.

신라호텔은 위탁경영 수수료로 초기 4년간은 매출액의 4%, 이후에는 8%를 받는다. 호텔 측은 경영이 정상화되는 2010년 이후에는 매년 5~10억 원의 수수료 수입을 올릴 것으로 전망했다.

이 호텔은 큰 호수와 인접해 있어 경관이 뛰어나고 쑤저우 공업단지 중심에 위치해 발전가능성도 높다. 다만 설계와 시공을 현지 건설업체가 맡아 보완이 필요한 곳이 많다는 게 신라호텔의 분석이다. 쑤저우 현지에서 만난 이만수(57) 사장은 "대규모 투자없이 중국에서 최고급 호텔 경영 노하우를 배울 수 있게 된 것은 큰 기회"라며 "현재 상하이, 톈진, 칭다오, 마카오 등 4곳에서도 추가적인 위탁경영 협상을 진행하고 있다"고 밝혔다.

그는 "삼성전자 등 삼성 계열사들이 대거 진출해 있는 중국과 인도 시장에서 2015년까지 200개의 호텔 체인을 운영해 신라호텔을 세계적인 브랜드로 육성하는 것이 목표"라며 "해외사업 비중을 50% 이상으로 높여 나갈 계획"이라고 강조했다. 이 사장은 또 "호텔 주변에 피트니스 클럽, 유통센터, 건강클리닉 등을 함께 운영해 일대를 '신라 문화타운'으로 만들 예정"이라며 "신라호텔의 성장이 '삼성'의 브랜드 파워를 높이는 데도 기여할 수 있을 것"이라고 자신했다. 국내 호텔 경영과 관련해서는 '효율'과 '이익 중심 경영'을 강조했다. 이 사장은 "재무, 총무, 홍보 등을 포함한 모든 부서가 수익을 낼 수 있도록 '발상의 전환'을 유도하고 불필요한 인력 수요를 줄여 조직의 효율성을 높이는 것을 최우선 과제로 삼고 있다"고 밝혔다.

이건희 삼성그룹 회장의 장녀인 이부진 신라호텔 상무에 대해서는 "밤잠을 줄여가며 세부적인 일까지 직접 챙길 정도로 호텔 사업에 대한 안목과 열정이 대단하다"고 평가했다.

자료 : 동아일보, 2006년 7월 10일

급변하는 글로벌환경하에서 다국적기업들이 글로벌 전략을 수립하는 데 있어서 가장 고민하는 부분은 서로 상반된 개념인 현지화(localization)와 글로벌화(globalization)를 균형있게 조화시키는 것이다. 다국적기업은 조직의 특성상 지리적으로 멀리 떨어져 있어 여러 가지 환경이 다른 국가에서 운영되지만, 기업 전체적으로 하나의 조직이라고 할 수 있다.

4 다국적기업의 인적자원관리

인적자원관리(human resources management)는 조직 내의 인적 자원을 가장 효과적으로 활용하기 위한 활동인데, 다국적기업의 인적자원관리는 국내기업들과 비교해서 더 복잡하기 때문에 고려해야 할 사항이 상대적으로 더 많다고 할 수 있다. 그 이유는 국가별로 노동시장(labor market), 문화(culture), 법률 시스템(legal system), 경제 시스템(economic system)이 다르기 때문에 선발 · 승진 · 성과 측정 · 보상 등에 관한 사항도 일치하지 않기 때문이다.

1) 다국적기업의 인적자원관리정책

(1) 본국중심주의

본국중심주의(ethnocentrism) 인사정책은 기업이 본사(headquarters) 및 자회사(subsidiary)의 주요 책임자를 모두 본국 출신 관리자가 맡게 하는 형태의 인사정책을 말한다. 원래 이러한 형태의 인사정책은 일반적으로 한국, 일본 등 본국중심적인 성향이 강한 국가의 다국적기업들이 사용한 정책이었다. 다국적기업들이 본국중심주의 인사정책을 사용하는 이유는 첫째, 현지국에서 기업의 주요 책임자의 업무를 수행할만한 자격을 갖춘 인적자원을 찾기 힘들다고 생각하기 때문이다. 특히 이러한 현상은 다국적기업들이 저개발국에 진출할 때 많이 나타나는 현상이다. 둘째, 다국적기업들은 본국중심주의 인사정책을 사용하는 것이 통일된 기업 문화를 유지하는 가장 좋은 방법으로 생각한다. 셋째, 다국적기업들은 그들의 핵심역량(core competencies)을 해외로 이전시켜 가치를 창조하려 할 때, 그들의 핵심역량을 가장 잘 이전시킬 수 있는 지식을 본국의 인적자원들이 보유하고 있다고 생각한다. 위와 같은 여러 가지 장점에도 불구하고 본국중심주의 인사정책은 다음과 같은 문제점을 지니고 있다. 첫째, 현지국 직원들의 채용 · 승진 · 보수 등에 대한 대우가 본국에서 파견되는 직원들에 비해 좋지 않음으로 인해 현지국 직원들의 사기가 저하되고 불만이 고조될 수 있다. 이러한 현상은 이직률의 증가와 생산성의 저하 등으로 이어질 수 있고, 유능한 현지국 직원들의 지원기피현상으로 이어져 장기적으로 다국적기업의 입장에서 문제점을 내포할 수 있다. 둘째, 본국중심주의 인사정책은 지나친 본국중심적인 기업문화와 경영방식으로 인하여 현지국과의 문화적 차이를 이해하지 못하게 된다. 이러한 현상은 현지국에서의 마케팅과 경영방식에 문제가 생길 수 있다.

(2) 현지국중심주의

현지국중심주의(polycentrism) 인사정책은 현지국에서 채용한 인적자원이 현지 자회사를 운영하도록 하는 인사정책이다. 현지국중심주의적 인사정책을 추구하는 글로벌 기업들은 본국에서 해외인력을 파견하는 것에 비해서 많은 비용을 절감할 수 있고, 현지국의 문화와 환경에 보다 잘 적응할 수 있다. 하지만 현지국중심주의 인사정책은 몇 가지 문제점을 가지고 있다. 첫째, 현지에서 채용된 직원들은 자신의 자회사 이외에 다른 국가의 자회사에서 일어나는 기업 활동에 대한 정보에 어둡고 관심이 낮아 자신이 근무하는 국가 중심으로 사고하는 편협성이 생길 수 있다. 또한 다른 국가의 자회사에서는 근무하기가 어려운 문제점을 안고 있다. 언어장벽과 문화의 차이로 인해서 본사와 해외 자회사의 인적자원 교류가 긴밀하지 않아 본사와 해외 자회사 간의 갈등이 일어날 소지가 있는 점도 현지국중심주의적인 인적자원관리정책을 운영하는데 있어서 문제점이라고 할 수 있다.

(3) 세계중심주의

세계중심주의(geocentrism) 인사정책은 인적자원의 국적에 관계없이 직원들을 채용하고 활용하는 인사정책이다. 글로벌 기업이 세계중심주의적인 인사정책을 실시하게 되면 기업이 보유한 인적자원을 효과적으로 활용할 수 있다. 또한 다른 문화나 환경에 노출되더라도 효과적인 업무를 수행할 수 있는 인력을 양성하는데 도움이 된다. 하지만 이렇게 글로벌 기업에 적합한 인력을 양성하는데는 많은 비용이 소요된다는 점과 각 나라마다 다른 관리정책과 고용 규제는 글로벌 기업이 세계중심주의적인 인적자원관리 정책을 추구하는데 문제점이라고 할 수 있다.

표 3-1 국적기업 인적자원관리정책 비교

인사정책	장점	단점
본국중심주의	-현지국에 적합한 관리자가 없는 것을 극복할 수 있음. -통일된 기업문화 가능 -본국 핵심역량 이전 용이	-현지 직원들의 불만 고조 -본국위주의 사고방식이 지배함
현지국중심주의	-본국위주의 사고방식 강요문제 약화 -비용 절감	-직원이동의 한계성 -본사와 자회사의 거리감
세계중심주의	-효율적인 인력활용 가능 -강력한 기업문화와 비공식적 관리 네트워크 구성 가능	-국가별 출입국 관리 정책의 차이로 인한 인력이동의 문제점 -비용 상승

2) 해외파견 인적자원관리

위에서 언급된 다국적기업의 인적자원관리정책 3가지 중에서 본국중심주의(ethnocentrism) 인사정책과 세계중심주의(geocentrism) 인사정책은 해외파견인력의 비중이 큰 인적자원관리정책이다. 해외파견인력과 관련된 가장 큰 주제 중 한 가지가 해외파견인력의 실패와 관련된 주제이다. 해외파견인력의 실패(expatriate failure)란 해외파견인력이 파견기간을 다 채우지 못하고 조기에 본국으로 귀환하는 것을 의미한다.

Tung의 연구결과에 따르면, 미국 · 유럽 · 일본의 다국적기업을 대상으로 조사한 결과 미국 다국적기업의 약 76%가 해외파견인력의 실패율이 10% 이상 된다고 보고하고 있다. 또한 Tung의 연구에 따르면 미국의 다국적기업들 중 약 7% 정도는 해외파견인력의 실패율이 20% 이상이라고 보고하고 있다. 또한 〈표 3-2〉에 나타나는 바와 같이 미국 다국적 기업들은 유럽과 일본 다국적기업들과 비교해서 훨씬 높은 해외 파견인력의 실패율을 나타낸다고 하였다. 해외파견인력을 활용하는데는 선발·훈련·평가 및 귀환 후 재적응의 문제가 발생하게 된다.

표 3-2 해외파견인력 실패율

구 분	조기귀환비율%(recall rate percent)	기업%(percent of companies)
미국 다국적기업	20~40% 10~20 <10	7% 69 24
유럽 다국적기업	11~15% 6~10 <5	3% 38 59
일본 다국적기업	11~19% 6~10 <5	14% 10 76

자료 : R.L. Tung, "Selection and training procedures of U.S., European, and Japanese multinationals", California Management Review, 25(1982), pp. 57-71.

(1) 선발

해외파견인력 실패율을 줄이려면 미리 적절한 인력선발과정을 통해서 해외파견업무에 알맞은 인력을 선발하는 것이 중요하다. 기업들은 해외파견인력을 선발함에 있어 단순히 업무능력만을 고려해서 선발하게 되면 실패할 가능성이 커진다. 그렇기 때문에 기업들은 배우자를 포함한 가족문제나 파견 관리자의 다른 문화에 대한 적응 능력 등 다양한 측면에서 선발기준을 마련하는 것이 적절하다. Mendenhall과 Oddou는 해외파견인력이 갖추어야할 자질로써 해외파견인력의 자신감(self-orientation), 타인에 대한 이해능력(others-orientation), 감지력

(perceptual ability), 문화수용능력(cultural toughness) 등 4가지가 필요하다고 하였다.

(2) 훈련

해외파견인력 실패의 가장 일반적인 두 가지 요인은 해외파견인력의 배우자를 포함한 가족이 새로운 현지 환경에 실패하는 것과 해외파견 관리자가 현지의 새로운 환경에 잘 적응하지 못하는 것이다. 이러한 문제점은 훈련(training)을 통해서 상당 부분 극복할 수 있다. 하지만 일반적으로 아직까지도 많은 기업들이 해외파견인력의 훈련부분에 있어서 체계적인 관리가 미흡한 상태이다. 해외파견인력과 그 배우자 및 가족들을 위한 훈련은 문화적응훈련(cultural training), 언어적응훈련(language training), 업무적응훈련(practical training)등이 있다.

(3) 성과측정

다국적기업의 입장에서 가장 어려운 업무 중 하나는 해외파견인력의 업무성과를 측정하는 일이다. 해외파견인력의 성과를 객관적으로 측정하는 일은 매우 어려운데, 일반적으로 해외파견인력의 성과측정은 본국의 관리책임자와 현지국의 관리책임자가 동시에 평가하게 된다. 이와 같은 평가시스템은 본국의 평가자와 현지국의 평가자가 서로 다른 평가 기준을 적용할 수 있는 문제점을 안고 있다. 현지국관리자는 해외파견관리자가 얼마나 효과적으로 현지국의 경영환경에 적응하여 문화적 차이를 극복하고 현지업무를 잘 관리하는가에 초점을 두는 반면, 본사에서는 현지관리자의 활동이 본사가 추구하는 전략과 얼마나 일치하는가에 초점을 두기 쉽다(장세진, 2004 : 376-377).

일반적으로 본국평가자들은 지리적으로 해외자회사와 멀리 떨어져 있기 때문에 외형적으로 드러난 자료만으로 해외파견인력들을 평가하지만 경기변동사항과 환율변동 등 해외파견인력을 평가하는데 있어서의 외부적인 여러 변수들도 고려되어야 한다. 많은 해외파견인력들은 본사의 해외파견인력에 대한 평가가 적절하지 못하다고 생각한다. 따라서 이러한 적절하지 못한 해외파견인력에 대한 성과평가(performance appraisal)는 해외근무를 기피하는 현상을 유발시킬 수 있다.

(4) 보상

위에서 언급된 해외파견인력의 성과측정과 더불어 다국적기업의 인적자원관리정책에 있어서 중요한 주제가 되는 것이 해외파견인력의 급여수준과 그 밖의 보상에 관한 문제이다. 특히 세계중심주의(geocentrism)적인 인사정책을 사용하는 글로벌 기업에서는 이와 같은 급여 수준의 결정이 중요한 문제로 대두된다. 그 이유는 현지국중심적인 글로벌 기업에서는 현지 수준에 맞는 임금을 지불하는 것만으로 충분할 것이고, 본국중심적인 글로벌 기업에서는 본국에서 파견된 인력의 급여를 어떻게 설정할 것인가는 단순한 문제이다. 그러나 세계중심주의적인 기업처럼 국적과 관계없이 인력을 세계 각 국가의 자회사에서 활용하는 경우에는 해외파견인력에 대해 어느 정도의 급여를 지불하는 것이 상당히 복잡한 문제가 될 수 있다.

이와 같은 문제에 있어 임금수준결정 방법 중 가장 일반적으로 사용되는 방법은 각 국가별로 물가수준과 생활환경에 따라 동일한 수준의 구매력(purchasing power)을 가질 수 있도록 하는 방법이다. 또한 해외파견인력에게 급여를 지불할 때 고려해야 할 점은 해외근무에 대한 수당, 생활비 보조 및 자녀들의 교육보조비 등의 수당, 의료보험, 연금, 세금 등의 문제를 고려해야 한다.

(5) 귀환 후 재적응

다국적기업은 해외파견인력을 선정하고 훈련시키는 것도 중요하지만, 해외파견인력들이 본국으로 돌아왔을 때 다시 본국의 업무에 잘 적응할 수 있도록 하는 일도 매우 중요하다. 한 조사에 의하면 본국으로 돌아가는 근무자의 60~70%가 본인들이 어떤 위치(position)에서 근무할지를 알지 못했고, 60%의 응답자는 조직 내에서 그들의 역할과 경력의 진행에 대해서 알지 못했으며, 77%가 실질적으로 해외에서 근무할 때보다 낮은 수준의 업무를 수행하였다(Hill, 2001 : 46). 또한 본국으로 돌아온 15%의 해외근무자들이 1년 이내에 직장을 그만 두었고, 40%는 3년 이내에 직장을 그만두었다(Grant, 2001 : 469). 이러한 문제들을 해결하는 방법인 인적자원계획(human resources planning)인데, 해외파견인력의 선발과 훈련 뿐만 아니라 이들이 해외업무를 마치고 본국으로 돌아왔을 때 그들의 지식과 경험을 조직 내에서 어떻게 효과적으로 활용할 것인가에 대한 프로그램 개발이 필요하다.

사례 한국, 인도를 사로잡다

LG전자 인도법인-정신교육 받은 판매직원 2000명이 전역 누비며 시장 장악

LG전자 인도법인에 근무하는 P.K다스(Das · 42)씨는 2005년 5월 한국에서 있었던 일을 잊지 못한다. 당시 그는 14명의 동료 인도인 직원들과 함께 경남 창원 LG전자의 사내 혁신 교육센터인 '혁신학교' 에서 4박5일간 교육을 받았다. 하루 4시간만 자고 12km 새벽 구보하기 등 난생 처음 겪는 스파르타식 교육이었다. '플라스틱 빨대로 생감자에 구멍 뚫기' 며, '날계란 세우기' 처럼 불가능이라고 생각했던 과제를 부여받아 해결하는 경험도 했다. 불가능을 가능케 만드는 한국식 정신교육의 세례를 받은 것이었다.

인도에서 통한 LG전자의 한국식 경영

분야	내용	효과
교육	LG혁신학교	해병대 훈련 같은 강도 높은 교육으로 악바리 근성을 키워 영업 조직 활기
마케팅	요리 강습 판촉	소비자에게 전자레인지 활용법 알리면서 판촉, 비데오콘 등 경쟁사들 LG따라하기 한창
	트럭 판촉전	
노사문화	피자 미팅(CEO가 일주일에 이틀씩 함께 점심 먹으면서 대화)	무분규, 무노조
	성적 좋은 직원 자녀에게 PC · 장학금 지급	

직원들 '악바리 근성' 키워 트럭에 싣고다니며 판촉
시골 구석구석 돌아다녀 노사 문제에도 접목시켜

■**정신교육의 힘**=다스씨는 지금 인도 남동부 IT도시 하이데라바드에 주재하며 LG전자의 남부지역 판매 담당 매니저를 맡고 있다. 그의 담당지역에서 LG전자는 가전시장 점유율이 30%를 넘어 단연 1위다. 그의 일하는 스타일은 '악바리 코리안' 이다. 술 싫어하고, 야근 꺼려하는 인도의 기업 문화에서

그는 폭탄주며 밤샘 근무도 마다하지 않는다. 새벽 1시에 미팅을 마치고도 새벽 5시면 지방 출장을 떠난다. 인도 남부 수천km를 누비며 한 달에 20일을 출장으로 보낸다. 그는 "경쟁사에 지고는 못 산다."고 말했다. 그가 원래 그랬던 것은 아니다.

한국식 정신교육을 통해 근성 있고 파이팅 넘치는 산업전사로 새로 탄생했다. 다스씨는 "생애 가장 힘든 교육이었지만 나를 가장 많이 바뀌게 했다"며 "이런 교육은 한국 기업밖에 없을 것"이라고 말했다. 다스씨처럼 LG전자의 '혁신학교' 를 나온 직원들이 LG전자 인도법인엔 2000여 명이 있다. 이들의 활약 덕에 11억 인도 시장에서 냉장고 · 에어컨 · 세탁기 · 전자레인지 등은 LG전자가 1등을 질주하고 있다. 삼성전자며 소니 · 히타치 · 월풀 · 비데오콘 같은 경쟁 업체들을 모조리 제쳤다.

뉴델리=이인열 기자 yiyul@chosun.com

자료 : 조선일보, 2007. 10.

제 04 장

관광의 이해

제1절 극로벌화의 이해

제2절 국제경제기구 및 지역경제통합

제4장 ›››

관광의 이해

제1절 관광사업의 이해

1 관광사업의 개요

관광산업은 높은 성장잠재력을 지닌 21세기에 가장 유망한 산업 중 하나이며 석유산업, 자동차산업과 함께 가장 규모가 큰 사업 중 하나이다. 관광산업은 21세기 단일산업으로는 최대의 산업으로 성장하여 2003년 세계 전체 GDP의 11%를 점유하고 있다. 또한 교통의 발달, 무역장벽의 감소 등 세계경제가 국가간 국경의 개념이 약해지면서 글로벌화가 촉진되어 국제관광수요는 지속적인 성장세를 보이고 있다. 이에 힘입어 WTO(세계관광기구)는 관광산업의 세계 GDP비중이 2008년에는 20%로 증가할 것으로 전망하고 있다.

2 관광사업의 개념

관광사업에 대해서 여러 학자들이 다양한 정의를 내렸지만 일반적으로 관광사업이란 관광시설을 갖추고, 관광자의 이동을 가능케 하고, 관광정보를 제공하고, 관광지를 알리는 것 등 관광과 관련된 모든 활동이라고 할 수 있다.

또한, 관광사업과 유사한 용어인 관광산업을 살펴보면, 관광사업과 관광산업이란 용어는 함께 사용되고 있는데 두 용어는 같은 의미로 볼 수 있으며 우리나라 관광진흥법상에서는 관광사업이라는 용어가 사용되고 있다. 관광진흥법상의 정의를 살펴보면 관광진흥법 제2조에서 관광사업을 "관광객을 위하여 운송, 숙박, 음식, 운동, 오락, 휴양 또는 용역을 제공하거나 기타 관광에 부수되는 시설을 갖추어 이를 이용하는 업"이라고 정의하고 있다.

3 관광사업의 분류

1) 관광진흥법에 의한 분류

✱ 여행업

여행자 또는 운송시설, 숙박시설 기타 여행에 부수되는 시설의 경영자를 위하여 당해 시설 이용의 알선이나 계약체결의 대리, 여행에 관한 안내 기타 여행의 편의를 제공하는 업으로 일반여행업, 국외여행업, 국내여행업으로 나누어진다.

✱ 관광숙박업

관광숙박업은 호텔업과 휴양콘도미니엄업으로 나누어진다. 호텔업은 관광객의 숙박에 적합한 시설을 갖추어 이를 관광객에게 제공하거나 숙박에 부수되는 음식 · 운동 · 오락 · 휴양 · 공연 또는 연수에 적합한 시설 등을 함께 갖추어 이를 이용하게 하는 업으로 관광호텔업, 수상관광호텔업, 한국전통호텔업, 가족호텔업 등으로 구성되어 있다. 휴양콘도미니엄업은 관광객의 숙박과 취사에 적합한 시설을 갖추어 이를 당해 시설의 회원 · 공유자가 기타 관광객에게 제공하거나 숙박에 부수되는 음식 · 운동 · 오락 · 휴양 · 공연 또는 연수에 적합한 시설 등을 함께 갖추어 이를 이용하게 하는 업을 말한다.

✱ 관광객이용시설업

관광객을 위하여 음식 · 운동 · 오락 · 휴양 · 문화 · 예술 또는 레저 등에 적합한 시설을 갖추어 이를 관광객에게 이용하게 하는 업으로 시설의 규모와 종류에 따라 전문휴양업, 종합휴양업, 자동차야영업, 관광유람선업, 관광공연장업, 외국인 전용기념품판매업으로 구성되어 있다.

✱ 국제회의업

대규모 관광수요를 유발하는 국제회의(세미나 · 토론회 · 전시회 등을 포함)를 개최할 수 있는 시설을 설치 · 운영하거나 국제회의의 계획 · 준비 · 진행 등의 업무를 위탁받아 대행하는 업으로 국제회의시설업과 국제회의기획업으로 나누어져 있다.

✱ 카지노업

전용영업장을 갖추고 주사위 · 트럼프 · 슬러트머신 등 특정한 기구 등을 이용하여 우연의 결과에 따라 특정인에게 재산상의 이익을 주고 다른 참가자에게 손실을 주는 행위 등을 하는 업을 말한다.

✱ 유원시설업

유기시설 또는 유기기구를 갖추어 이를 관광객에게 이용하게 하는 업(다른 영업을 경영하면서 관광객의 유치 또는 광고 등을 목적으로 유기시설 또는 유기기구를 설치하여 이를 이용하게 하는 경우를 포함한다)으로 종합유원시설업, 일반유원시설업, 기타유원시설업으로 나누어져 있다.

✱ 관광편의시설업

위에서 언급된 관광사업 외에 관광진흥에 이바지할 수 있다고 인정되는 사업이나 시설 등을 운영하는 업으로 관광유흥음식점업, 외국인전용유흥음식점업, 관광식당업, 시내순환관광업, 관광사진업, 여객자동차터미널시설업, 관광토속주판매업 등이 있다.

2) 사업주체에 의한 분류

관광사업은 사업주체에 따라 사적 관광사업과 공적 관광사업으로 나눌 수 있다. 사적 관광사업은 이윤추구를 목적으로 하는 민간기업이 관광사업의 주체가 되는 것을 의미하는 것으로 사업주체를 관광기업과 관광관련기업으로 나누어 볼 수 있다. 관광기업은 여행업, 숙박업, 교통업 등 관광자와 직접적으로 관계를 형성하며 이윤을 추구하는 기업들을 의미하며, 관광관련기업은 관광자와 직접적인 관계를 갖지는 않지만 관광기업과 직접적인 관계를 형성하여 관광자와 간접적으로 관계를 형성하게 되는데 예를 들면 호텔에 각종 서비스를 제공해주는 세탁업, 식품업, 청소용역업 등이 관광관련기업에 해당된다. 한편, 공적관광사업은 공공성 중심의 공적관광기관이 관광사업의 주체가 되는 사업으로 그 주체를 관광행정기관과 관광공익단체로 나누어 볼 수 있다. 관광행정기관이란 중앙정부와 지방자치단체의 행정기관을 의미하는 것으로 이들 행정기관들은 관광지를 개발하거나 관광지에 대한 홍보와 정보제공 등의 역할을 담당한다. 관광공익단체란 관광사업을 공적인 측면에서 지원해주는 단체나 조직으로 관광공사, 관광협회중앙회, 관광연구원 등이 이에 해당된다고 할 수 있다.

3) 기타 분류

위에서 언급된 관광사업의 분류 방법 외에 우리나라 관광진흥법에서 관광사업으로 규정되고 있지는 않지만 현실적으로 관광사업으로 분류되는 사업들로는 외식사업, 리조트업, 테마파크, 관광교통업 등이 있다.

✱ 외식사업

외식이란 가정 밖에서 행하는 식사행위를 총칭해서 의미하는 것으로 우리나라에서 외식산업이란 용어는 요식업, 식당업, 음식업 등으로 불려졌다가 규모가 커지고 경영적인 측면에서 점점 체계를 갖추어 가면서 생성된 용어라고 할 수 있다. 우리나라의 외식산업은 한국표준산업분류에 의하면 대분류에는 '도소매 및 음식숙박업', 중분류에는 '음식 및 숙박업', 소분류에는 '음식점업'에 포함된다. 음식점업은 다시 식당업, 주점업, 다과점업으로 세부적으로 구분된다. 식당업은 한국음식점, 중국음식점, 일본음식점, 서양음식점, 음식출장조달업, 간이체인음식점, 달리 분류되지 않는 식당업으로 세세분류되고 있다. 주점업은 일반유흥주점업, 무도유흥주점, 한국식 유흥주점업, 극장식주점업, 외국인전용유흥주점업, 달리 분류되지 않는 주점업으로 세세분류하고 있으며, 다과점업은 제과점업, 다방업, 달리 분류되지 않는 다과점업으로 세세분류하고 있다.

✱ 리조트업

리조트(resort)의 어원은 프랑스 고어인 resortier에서 유래된 말로, 어떤 장소에 자주 간다와 어떤 장소에 머무른다라는 의미를 가지고 있다. 다시 말하면 리조트란 사람들을 위해 휴양 및 휴식제공을 목적으로 일상 생활권을 벗어나서 경관이 좋은 지역에 위치하여, 다양한 레크리에이션 및 여가활동을 위한 기능과 시설을 갖춘 단지(complex)를 의미한다고 할 수 있다. 리조트사업은 리조트의 기능과 시설에 관련되는 사업 등을 포함하는데 숙박, 식음료, 레크리에이션과 관련된 업종들이 여기에 포함된다고 할 수 있다. 또한, 리조트사업은 경제적, 사회적, 자연적 영향에 따라 수요의 탄력성이 크며, 초기에 많은 투자비용이 들어가는 특성을 가지고 있다.

✱ 주제공원

주제공원(theme park)의 정의는 다양하지만 일반적으로 중심 주제나 연속성을 가지고 있는 몇 개의 주제하에 설계되며 매력물의 도입, 전시, 놀이 등으로 구성하여 중심주제를 실현하도록 계획된 공원이다. 주제공원은 1955년 미국 캘리포니아주 애너하임에 디즈니랜드가 만화 주인공들을 중심으로 한 놀이공원을 개장하면서 특히, 미국에서 대중화되었다. 주제공원은 탑승시설, 관람시설, 공연시설, 식음료시설, 특정상품판매소와 게임시설, 고객편의시설, 휴식광장, 지원관리시설 등으로 구성되어 있으며 주제공원을 분류하는 방법으로는 공간별 분류방법, 주제별 분류방법, 형태별 분류방법 등이 있다. 먼저, 공간별 분류방법으로는 자연그대로를 감상하는 자연주제형, 자연을 주제로 하지만 관광자의 적극적인 참여활동을 중심으로 하는 자연활동형 등이 있으며 이밖에도 도시주제형과 도시관람형 등이 있다. 주제별 분류방법으로는 인간사회의 민속을 주제로하는 형태, 역사를 주제로 하는 형태, 구조물을 주제로 하는 형태, 지구상의 생물을 주제로 하는 형태 등이 있다. 마지막으로 형태별 분류를 살펴보면 환경재현형, 문화형, 자연공원형, 이벤트형 등이 있다.

4 관광사업의 효과

1) 경제적 효과

* 긍정적 효과

관광산업의 경제적 효과 중 긍정적인 효과를 살펴보면, 국제수지개선, 조세수입증대, 소득증대 및 고용창출 등을 들 수 있다.

먼저, 국제수지개선을 살펴보면, 일정기간 동안 한 나라와 다른 나라 사이에 이루어진 모든 경제적 거래를 국제수지라고 하는데, 한 나라의 관광수입은 무역외 수지로 국제수지에 크게 기여한다. 또한, 관광산업은 높은 외화가득률을 갖는데 외화가득률이란 수출상품의 최종판매가격과 생산에 투입된 원자재 비용과의 차이를 말하는 것으로 관광상품은 다른 일반 상품에 비해 높은 외화가득률을 갖는다.

또한, 관광산업은 조세수입을 증대시키는데, 일반적으로 조세수입은 국가나 공공단체가 공공재의 공급과 지출을 위한 재원 확보의 수단을 의미한다. 정부는 관광 산업체를 통해 조세수입을 확보할 뿐만 아니라 관광자가 구입한 상품이나 관세 등으로부터 나오는 세금은 국가재정에 도움을 주게 된다. 관광산업의 경제적 효과 중 가장 중요한 요소로는 소득증대 및 고용창출이라고 할 수 있다.

관광산업은 다른 산업과 비교하여 상대적으로 고용효과가 매우 큰 산업이라고 할 수 있다.

고용효과란 관광고용 승수효과로서 관광자의 최소한 단위 소비지출 증가가 지역 내 얼마만큼의 고용기회를 증대시켰는지를 말하며, 구체적으로 직접 · 간접 · 유발 고용효과를 의미한다.

직접고용효과는 관광객이 직접적으로 비용을 지출함에 따라 그들로부터 수입을 올리는 호텔 · 여행사 등과 같은 관광사업체의 고용효과를 의미하며, 간접고용효과는 관광객이 직접적으로 비용을 지출하는 산업이 아닌 관광산업과 관련이 있는 산업의 고용효과를 의미한다.

한편, 유발고용효과란 관광지의 주민들이 관광객이 소비한 비용으로 얻은 소득을 다시 소비하면서 생겨나는 관광승수효과로부터 생겨나는 추가적인 고용효과를 말한다.

관광객의 소비는 지역 내 혹은 국가 내의 여러 경제활동에 자극을 주어 국민총생산이 증대되고 이러한 국민총생산의 증대는 결국에는 개인의 소득증대로 이어지게 된다.

✱ 부정적 효과

관광사업의 경제적 효과 중 부정적 효과로는 관광개발이익의 누출, 물가 상승, 고용의 불안정성 등을 들 수 있다. 먼저 관광개발이익의 누출은 관광개발 이후 급증하는 관광수요를 지역 내에서 자체적으로 충당하는 것이 어렵기 때문에 외부의 재화나 서비스가 유입되면서 발생하게 된다. 특히 후진국이나 개발도상국의 경우 관광개발로 인해 많은 외국자본과 기업들이 관광개발에 참여하게 되고 이렇게 유입된 외국자본과 기업은 이윤을 창출한 후 그 이윤을 다시 자국으로 유출시킬 확률이 높기 때문에 관광개발이익의 누출현상이 일어나게 된다. 관광산업의 경제적 효과 중 물가상승과 관련된 내용은 관광산업이 워낙 성수기와 비수기가 뚜렷한 산업이기 때문에 특히, 성수기에 관광수요가 급격히 유입되게 되면 그 지역에 물가가 상승하게 되며, 이러한 물가상승은 그 지역 경제의 전반적인 인플레이션으로 이어질 뿐만 아니라 지가 상승으로도 연결될 가능성이 높다고 할 수 있다.

위에서 언급한 대로 관광산업은 성수기와 비수기가 뚜렷한 산업이기 때문에 일반적으로 계절성을 띄게 되고 이러한 현상은 고용의 불안정성으로 연결된다.

2) 사회 · 문화적 효과

* 긍정적 효과

관광산업의 사회 · 문화적 효과에서 긍정적인 측면의 효과들로는 인구구조의 변화, 여성지위의 향상, 문화시설과 교육시설의 개선, 전통문화의 보존과 발전 등을 들 수 있다. 첫째, 인구구조의 변화는 관광산업이 발전하게 되면 전반적으로 지역산업의 발전을 가져오기 때문에 고용기회가 늘어나게 되는데 이러한 고용기회의 증대는 관광지 내의 경제인구의 유출을 막고 외부인구의 유입을 증가시킨다. 이러한 인구구조의 변화로 인해서 지역 내 여성인구의 증가와 경제활동이 가능한 젊은 층의 인구증가를 가져오게 된다.

둘째, 여성지위의 향상은 위에서 언급한 대로 고용기회의 증대로 여성의 고용기회가 늘어나 경제적 능력도 보유하면서 사회적 지위도 향상되고 가족구성원으로서 역할과 영향력도 커지게 된다.

또한, 관광산업의 발전은 지역 내 뿐만 아니라 외부지역과도 연결되는 도로망, 통신시설, 휴식시설, 인구증가로 인한 교육시설 등과 같은 인프라의 구축도 수반하게 된다. 이러한 인프라의 구축으로 관광지 내 필요한 물품의 신속한 조달, 외부지역과의 신속한 정보교류, 교육환경의 개선 등 지역 주민들의 문화와 생활환경의 질에 긍정적으로 영향을 미치게 된다. 문화적인 측면에서 관광지역주민들은 관광자들로 인해서 자신들의 문화를 새롭게 인식하고 가치를 재발견할 수 있는 기회가 되기 때문에 긍정적인 영향을 미칠 수 있다.

✱ 부정적 효과

관광산업으로 인한 사회 · 문화적 효과 중 부정적인 측면은 사회적 일탈의 증가, 가족 및 인구구조의 변화, 지역 고유문화의 파괴, 과소비 등이 있다.

관광은 많은 문화적 교류를 위한 기회를 제공하기도 하지만 매춘, 도박, 마약 등의 사회적 문제를 야기시키기도 한다. 가족 및 인구구조의 변화의 관점에서는 고용기회의 증대로 인해서 여성의 경제적. 사회적 지위 향상을 가져오기도 하지만 이로 인해서 가장의 권위가 약해져서 가족구조에 부정적으로 작용할 소지도 있을 뿐만 아니라, 가족구성원 간의 유대감 약화를 가져올 수 있다. 인구구조의 변화를 살펴보면, 너무 많은 여성과 젊은 층의 인구유입은 인구구조를 왜곡시킬 수도 있고 지역민들이 관광개발로 인한 토지전용, 산업구조의 변화로 인한 실직 등의 이유로 지역을 떠나기 때문에 외부에서 유입되는 인구의 증가로 인한 주거환경의 혼란과 불안정의 원인제공도 있을 수 있다.

문화적인 측면에서 관광은 지역 고유문화의 파괴를 가져오기도 하는데, 외래문화의 잘못된 유입은 지역사회의 고유문화를 파괴하거나 변질시킬 수 있다.

또한, 지역주민들이 외래관광객들과 접촉하는 빈도가 늘어나면서 그들의 소비패턴을 부러워해 가치관의 변화를 일으켜 일상생활에서 과소비를 추구할 여지도 있다.

제2절 관광사업의 특성 및 발전요인

1 관광사업의 특성

1) 복합성

관광사업의 특성 중 복합성은 사업주체의 복합성과 사업내용의 복합성으로 나눌 수 있다. 사업주체의 복합성이란 관광사업은 그 주체가 공적기관 및 민간기업 등 다양하다는 것을 의미한다. 또한 다른 산업과 비교할 때 공적기관과 민간기업이 서로 역할을 분담하여 추진하는 부분이 더 많다는 것을 의미한다. 일반적으로 관광지의 유지 및 관리는 공공기관이 담당하고 관광지의 숙박 및 여행관련 사업은 민간기업이 담당한다.

사업내용의 복합성이란 관광사업의 내용이 여러 부분으로 나누어져 있는 것을 의미하는데 여러 관련 업종이 모여져 하나의 관광사업을 존재시키고 있다는 의미이다. 즉 숙박업, 여행업, 음식업, 교통업, 기념품업 등등 여러 사업이 모여서 하나의 관광사업을 성립시키고 있다고 할 수 있다.

2) 입지의존성

관광사업은 관광자원에 대한 입지의존도가 절대적이기 때문에 입지의존성이 높은 산업이라고 할 수 있다. 그렇기 때문에 모든 관광지는 유형과 무형의 관광자원을 소재로 각기 특색있는 관광지를 형성하고 있지만 관광지의 유형, 기후조건, 관광자원의 우열, 개발추진 상황, 접근의 용이성 등과 같은 입지적 요인과 관광시장의 규모와 체제여부 등과 같은 경영적 환경, 관광객들의 소비성향과 계층 등과 같은 수요의 질에 의해서 많은 영향을 받는다고 할 수 있다. 특히 관광사업은 경영적, 산업적 성격이 불연속 생산활동형, 생산과소비의 동시완결형, 노동장비율의 상승이라는 특성을 가지고 있기 때문에 입지의존성은 더욱 높아진다고 할 수 있다.

(1) 불연속 생산활동형

관광사업에 있어 관광자의 소비활동은 계절별, 월별, 주별, 시간별 등에 따라 변동의 차이가 클 뿐 아니라 경기변동, 기후, 관광자의 임의적인 행동에 따라 불연속적인 생산활동이 불가피하기 때문에 불연속 생산활동형이라고 할 수 있다.

(2) 생산과 소비의 동시완결형

관광사업은 관광상품의 저장이 불가능하기 때문에 생산과 소비가 동시에 이루어지는 생산과 소비의 동시완결형이라고 할 수 있다. 즉 경영상의 탄력성이 없는 사업이라고 할 수 있다.

(3) 노동장비율의 상승

관광사업은 소비자들의 다양한 욕구에 부응하기 위해서 관광사업체의 규모가 커지고 고급화되면서 노동장비율이 상승하는 추세를 보이고 있다고 할 수 있다.

3) 서비스성

관광사업은 관광객을 위하여 운송 · 숙박 · 식사 · 운동 · 오락 · 휴양 또는 용역을 제공하거나 기타 관광에 부수되는 시설을 갖추어 이를 이용하게 하는 업을 말하는데, 관광사업에서 편리하고 안락한 시설과 더불어 가장 중요한 부분 중 하나는 관광사업종사원들이 수준높은 서비스를 제공하는 일이다.

4) 공익성

관광사업의 특성 중 공익성은 관광사업이 공적 · 사적인 여러 관련사업으로 이루어진 복합체라는 관점에서 볼 때 민간기업들도 이윤추구만을 목적으로 할 것이 아니라 수익성과 공익성을 공동으로 추구할 것을 요구하고 있다는 것을 의미한다.

관광사업의 공익성은 사회 · 문화적인 측면과 경제적인 측면으로 나누어볼 수 있다. 먼저 사회 · 문화적인 측면을 살펴보면 국위선양, 국제친선증진, 국제문화 교류, 세계평화에의 기여 등 국제관광부문과 국민보건향상, 근로의욕고취, 교양의 향상 등과 같은 국민관광부문적인 측면이 있을 수 있다. 경제적인 측면을 살펴보면 외화획득, 경제발전, 기술협력과 국제무역증진효과 등의 국민경제적인 측면과 소득효과, 고용효과, 산업기반시설 정비효과, 지역개발효과 등의 지역경제적인 측면을 들 수 있다.

5) 변동성

관광욕구는 생활에 있어 필수적이라기보다는 임의적인 성격을 가지고 있기 때문에 관광사업은 외부환경의 변화에 민감하게 반응한다고 할 수 있다.

관광사업의 변동성은 사회적 · 경제적 · 자연적 요인으로 나눌 수 있다.

사회적 요인은 사회정세의 변화, 국제정세의 변화, 정치불안, 폭동, 질병발생 등과 같이 신변의 안전에 불안을 주는 요인들이다. 경제적 요인은 경제불황, 소득상황, 환율의 등락, 운임의 변동, 외화사용제한조치 등의 요인을 말한다. 자연적 요인은 기후변화, 지진, 태풍, 해일, 혹서, 혹한 등이 있다.

2 관광사업의 발전요인

1) 가처분소득의 증대

산업기술의 발달로 대량생산, 대량소비가 이루어지면서 세계 여러 나라의 경제가 성장하였다. 이러한 경제적 성장으로 인하여 세계 여러 나라의 국민소득이 향상되었으며 개인의 가처분소득(disposal income)도 증가하게 되었다. 이러한 개인의 가처분소득의 증가는 전반적인 생활수준의 향상과 관광산업을 포함한 문화관련 비용의 증가로 이어지게 되었으며, 이러한 영향으로 관광산업은 더욱더 발전하고 있으며, 향후 현재보다 더 높은 성장률을 보일 것으로 예측되고 있다.

2) 여가시간의 증대

인터넷을 중심으로 한 정보통신기술과 다른 산업기술의 발달로 모든 산업에 있어 업무자동화의 비율이 증가하고 있다. 이러한 업무의 자동화는 근로자들의 근로시간 단축으로 이어지게 되었고 또한, 대부분의 선진국들이 실시하고 있는 주5일제의 영향으로 여가시간은 더욱 증가하고 있다. 이렇게 늘어나는 여가시간은 자연스럽게 관광산업을 발전시키는 요인으로 작용하고 있다.

3) 교통수단의 발달

교통수단의 발달 또한 관광사업의 주요한 발전 요인 중 하나라고 할 수 있다. 특히 항공산업의 발달이 관광사업의 발전에 있어서 가장 결정적으로 많은 기여를 했다고 할 수 있는데 제2차 세계대전 이후 항공산업은 기술적으로 고속성, 안정성, 쾌적성, 경제성의 향상과 대량 운송능력을 보유하게 되었다. 또한 항공사들은 기내 서비스 및 다양한 촉진전략으로 고객들을 세심하게 배려함으로써 고객들의 해외여행욕구를 증가시켜 관광사업발전에 기여하고 있다.

4) 라이프스타일의 변화

라이프스타일이란 개인의 가치관 · 행동 · 관심 · 의견 등을 표현하는 생활패턴을 의미하는 것인데 최근 현대인들이 추구하는 가치관이 삶의

질(quality of life) 향상에 많은 비중을 두고 있다고 할 수 있다. 이렇게 삶의 질 향상을 추구하는 가치관을 지닌 개인의 증가는 다른 국가를 여행하여 지식과 견문을 넓혀서 자기발전을 꾀하려는 욕구의 증대로 이어진다. 이러한 개인들의 라이프스타일의 변화로 인해 관광산업은 더욱 발전하고 있고 향후에 이러한 추세는 더욱 가속화 될 것으로 예측된다.

5) 글로벌화의 가속화

글로벌화(globalization) 또는 우리말로 세계화에 대한 정의는 다양하지만, 일반적으로 기업이 개별국가시장에 대해 각각 다른 전략을 취하기보다는 전 세계시장을 하나의 시장으로 보고 통합된 전략을 수립하는 것을 의미한다. 이러한 글로벌화의 영향으로 국가별로 나누어졌던 국경의 의미가 약해지고 제품 · 기술 · 서비스 등이 세계 각국으로 자유롭게 이동하게 된다. 또한, 이러한 글로벌화로 인하여 인적자원과 자본의 이동도 자유로워지며 이러한 현상은 자연스럽게 국제관광도 촉진하게 되며 이로 인해 국제관광을 중심으로 관광산업은 더욱 더 발전하게 될 것이다.

3 향후 관광시장 전망 및 우리의 정책과제

관광산업은 자동차산업, 석유산업과 함께 그 규모가 가장 큰 산업 중 하나로서 2003년 전 세계 GDP의 12%를 차지하였으며, 2008년에는 전 세계 GDP의 20%를 차지할 것으로 예측되고 있다.

또한, 관광산업은 다른 산업과 비교할 때, 높은 고용창출효과 및 소득증대의 효과를 가지고 있기 때문에 성장잠재력이 높아서 우리나라와 같이 천연자원이 부족한 국가에서는 전략적으로 발전시키는 것이 필요한 산업이라고 할 수 있다.

하지만 현실적으로 우리나라는 특출난 관광상품의 부족, 관광기반시설의 취약, 지속적인 국제관광수지의 적자 등으로 인하여 국제관광시장에서 경쟁력이 매우 취약한 상태이다.

특히 우리나라가 관광산업의 중요성을 인식하고 앞으로 관광산업의 발전방안을 연구해야만 하는 이유는 관광산업이 앞으로 단일산업으로는 가장 규모가 커지고 성장잠재력이 높은 산업일 뿐만 아니라 지역적으로 동북아시아의 관광시장 예측 성장률이 다른 지역에 비해 거의 2배 이상 높기 때문이다. 삼성경제연구소의 자료에 의하면, 2010년까지 국제관광산업의 성장률은 4%인데 반해 동북아시아지역 관광산업의 예측 성장률은 그 2배인 7.8%에 이르고 있다.

이렇게 동북아시아 지역의 관광산업이 세계 평균성장률에 비해 배 이상 높게 예측되는 이유는 중국의 급속한 성장이라고 할 수 있는데 WTO (World Tourism Organization : 세계관광기구)의 자료에 의하면, 중국에서 해외관광을 즐기는 관광객의 숫자는 중국경제의 급속한 성장과 중국정부의 개방정책의 영향으로 인해 2004년 2,900만명에 달했으며, 2020년에는 1억명이 초과할 것으로 예측되고 있다.

위에서 언급한대로 우리나라가 국제관광시장에서 경쟁력이 취약한 이유는 3가지로 요약될 수 있는데 그중에서도 국제관광수지의 적자가 2004년 38억불을 기록하였다.

이렇게 위기에 놓인 한국관광시장을 촉진시키기 위한 방법으로는 영종도, 인천, 태안, 새만금, 군산, 해남, 영암 등 서남해안을 개발시키는 프로젝트를 중앙정부와 지방자치단체가 협력해서 개발시켜야 한다.

궁극적으로 중국, 일본, 홍콩, 마카오 등 동북아시아 국가들이 관광시장에 있어서 우리의 경쟁자들이라고 할 수 있는데 이들 국가들은 관광산업의 중요성을 깨닫고 각각 자국의 관광산업 경쟁력을 증대시키기 위하여 많은 노력을 기울이고 있다.

먼저 중국은 2008년 베이징 올림픽과 2010년 상하이 세계박람회를 대비하여 많은 호텔을 건축하고 있으며, 상하이, 하이난, 센젠 등에 관광인프라를 구축하고 있다.

홍콩은 정부차원에서 2001년 이후 23억불을 투자하여 관광인프라를 구축하고 있는데 디즈니랜드 건설, 수상스포츠와 리조트 건설 등으로 쇼핑으로 많이 알려진 홍콩의 관광패턴을 레저 쪽으로 인식시키기 위하여 노력하고 있다.

마카오는 도박에 의존하던 기존의 관광산업에서 벗어나기 위한 일환으로 "꿈의 도시(Dream City)" 프로젝트를 개발하기 위하여 2008년까지 1억불을 투자하여 해저호텔과 카지노 건립을 추진하고 있다.

또한, 예전에 포루투갈 식민지 당시의 문화와 기존의 동양적인 문화를 융합시킨 새로운 문화유산을 관광상품화하고 있기도 하다.

마지막으로 일본은 위에서 언급된 세 나라와는 달리 실속 있는 관광산업을 운영하려고 애쓰고 있다. 일본은 1987년 새로운 리조트건설법이 통과된 후 1987년부터 1991년 사이에 정부에서 대규모 리조트 개발 프로젝트 35개를 허가해 줌으로써 수요와 공급의 불균형으로 많은 대규모 리조트들이 문을 닫았기 때문에 지금은 소규모의 실속있는 지역 관광상품들을 개발하기 위해 주력하고 있다.

한국관광산업을 발전시키기 위해서는 위에서 언급한 서남해안 개발 프로젝트와 더불어 소프트웨어적인 관광자원의 개발이 필요하며, 가까운 미래에 우리나라를 방문하는 가장 많은 관광객들이 중국 관광객들이 될 것으로 예측되고 있기 때문에 중국관광객들을 위해 저가의 관광상품보다는 고급관광상품을 개발하는 것이 시급한 과제라고 할 수 있다.

마지막으로 정부에서는 관광산업이 국가발전을 위해서 중요한 산업이라는 인식을 가지고 관광기업에 대한 세제지원 및 규제완화 등 바람직한 관광기업운영을 위한 지원이 필요하다고 할 수 있다.(강신겸, 2005, pp.13~20참조)

제 05 장

국제관광의 이해

1. 국제관광의 이해
2. 국제관광 관련기관 및 단체

제5장 ›››

국제관광의 이해

1 국제관광의 이해

1) 국제관광의 개념

국제관광에 대한 여러 가지 정의들이 있지만 일반적으로 국제관광(international tourism)이란 관광자가 자기 나라를 떠나 다시 돌아올 예정으로 다른 나라의 문물 · 제도 · 경관 등을 감상 · 유람할 목적으로 여행하는 것을 말한다. 국제관광에 대한 다른 학자들과 국제관광기구들의 정의를 살펴보면, WTO(World Tourism Organization : 세계관광기구)는 국제관광을 "즐거움 · 위락 · 휴가 · 스포츠 · 사업 · 친지 · 업무 · 회의 · 건강 · 연구 · 종교 등을 목적으로 방문국에서 최소한 24시간 이상 1년 이하 체류하는 행위"로 정의하고 있다.

또한 OECD(Organization for Economic Cooperation and Development : 경제개발협력기구)는 국제관광을 "인종 · 성별 · 언어 ·

종교 등에 관계없이 외국의 영토에서 24시간 이상 6개월 이내로 체류하는 것"으로 정의하고 있다. 국내학자들 중 김진섭은 국제관광을 "인간이 자국의 국경을 넘어 다시 자국으로 돌아올 목적으로 외국의 문물 · 제도 · 관습 · 산업 등을 관람 · 시찰하거나 풍경 등의 감상 · 유람을 목적으로 여행하는 것"이라고 정의하였다(김진섭, 1996 : p. 163).

위의 여러 국제관광기구와 학자들의 정의와 같이 국제관광은 한 마디로 말해서 국경을 넘어서 일어나는 관광행위로 국내관광과는 구별된다고 할 수 있다.

2) 국제관광의 범위

✱ 인적 범위

국제관광에 관련한 최초의 공식적 정의는 1937년 "국제연맹 통계전문가위원회"에서 내린 것으로, 국제관광자란 "적어도 24시간 이상 동안 자신의 일상거주지를 떠나 다른 나라를 방문하는 사람"으로 다음과 같은 목적으로 여행하는 사람을 국제관광자의 범주에 포함시키고 있다(최승이 · 이미혜, 2001 p.28).

① 즐거움 · 가족 · 건강 등을 위해 여행하는 사람

② 회의 또는 과학 · 행정 · 외교 · 종교 · 운동 등의 대표자격으로 여행하는 사람

③ 사업상의 이유로 여행하는 사람

④ 24시간 미만 체재하는 사람이라도 해양선박으로 여행 중에 도착한 사람

한편 다음의 목적으로 여행하는 사람은 관광자의 범주에서 제외시키

고 있다.

① 직업을 얻기 위해 또는 그 나라에서 어떤 사업활동에 종사하기 위해 도착한 사람

② 그 나라에 거주지를 마련하기 위해 도착한 사람

③ 유학생 또는 단기연수생

④ 국경지역 주민 또는 인접지역에 거주하면서 국경을 넘어 통근하는 사람

한편 UN은 1977년 국제관광자를 "일상거주지 외의 나라에 보수를 받는 이외의 목적으로 방문하여 1박 이상 1년 미만 동안 육상의 숙박시설에서 체재하는 사람"으로 정의하였다. 또한 방문자를 국제관광자(또는 체재방문자)와 당일방문자로 구분하였는데, 국제관광자(또는 체재방문자)는 육상의 숙박시설에서 최소한 1박 이상 체재하는 사람을 의미하고, 당일방문자는 선박여행 방문자와 육상의 숙박시설을 이용하지 않는 육상 · 항공교통을 이용하여 입국하는 기타 당일 방문자를 의미한다. 한편 WTO는 1984년 발표한 보고서에서 국제관광자를 정의하였는데, 대체로 위에서 언급한 UN의 정의를 따르고 있으며, 다만 여행자를 상위개념으로 설정하여 관광자와 당일방문자로 구분하였다.

또한 국제관광자의 범주를 출 · 입국으로 분류한 후 다시 거주자와 비거주자로 구분하였다.

아래에서 언급된 여러 가지 기준으로 살펴볼 때, 국제관광자란 취업이나 이주 이외의 목적으로 자기 나라를 떠나 24시간 이상 1년 이내의 기간 동안 다른 나라의 관광지를 방문하거나 체재하는 사람이라고 정의할 수 있다.

✱ 공간적 범위

국제관광의 공간적 범위는 자국민이 외국을 방문하는 행위와 자국의 영토 내에서 이루어지는 외국인의 관광행위뿐만 아니라, 이국인이 다른 나라를 방문하는 행위도 포함된다. WTO는 국제관광을 지역별로 구분하기 위해 세계를 동아시아와 태평양국가, 유럽, 아메리카, 남아시아, 중동, 아프리카 등 6개 지역(region)으로 나누고, 이를 다시 동아프리카, 중앙아프리카, 북아프리카, 남아프리카, 서아프리카, 카리브해, 중앙아메리카, 북아메리카, 남아메리카, 동아시아, 중앙아시아, 동남아시아, 서남아시아, 남아시아, 서아시아, 동유럽, 북유럽, 남유럽, 서유럽, 오스트레일리아와 뉴질랜드, 폴리네시아 등 21개 소지역(sub-region)으로 세분하고 있다(한국관광공사, 1989 : pp. 32~34 ; 최승이 · 이미혜, 2001 : p.36 재인용).

3) 국제관광의 발전요인

✱ 경제적 요인

세계 경제동향이 국제관광에 미치는 영향은 대단히 크다고 할 수 있다. 세계 경제동향이 침체되면 관광소비자들의 구매심리 위축과 유효수요 부족으로 국제관광시장도 침체되고, 세계 경제동향이 활발하면 국제관광도 발전하게 된다.

✱ 사회 · 문화적 요인

국제관광 발전요인 중 사회 · 문화적 요인은 인구통계적 요인, 기술적 요인, 교통수단의 발달, 여가시간의 증대 등을 꼽을 수 있다. 인구통계적 요인이란 인구규모의 증대와 평균수명의 증가 등을 의미한다. 인구규모의 증대와 평균수명의 증가는 관광총량의 증가로 이어진다. 기술적 요인이란 기술의 발전이 국제관광에 미치는 영향을 의미하는데, 예를 들면 CRS(Computer Reservation System)와 인터넷의 일반화로 인해 소비자들은 신속하고 정확한 정보를 제공받을 수 있다. 기술의 발전은 여가시간의 증대와 밀접한 관계가 있는데, 기술의 발전은 생산성 향상으로 이어진다. 이로 인해 노동자들은 노동시간이 감소되고, 이것은 여가시간의 증대로 이어져 국제관광을 촉진시키는 역할을 하게 된다.

또한 항공산업을 중심으로 급속하게 발전한 교통수단도 국제관광의 가장 중요한 발전요인 중 하나가 되었다.

4) 국제관광의 장애요인

OECD(Organization for Economic Cooperation and Development : 경제협력개발기구)의 관광위원회는 국제관광의 발전을 위해 다음과 같은 장애요인들을 제거할 것을 권고하고 있다. OECD의 권고에 따르면 국제관광을 저해하는 요인을 크게 관광자 개인에게 영향을 주는 장애요인, 여행사에 대한 장애요인, 교통사업에 대한 장애요인, 숙박업체에 대한 장애요인, 기타 장애요인으로 분류하고 이를 다음과 같이 41개 항목으로 세분화하였다.

✱ 관광자 개인에게 영향을 주는 장애요인

① 자국에서의 제약

ⓐ 국외관광자에 대한 통화소지 제약

ⓑ 관광서류 발급상의 조건과 절차의 복잡성과 까다로움(여권 · 비자 발급의 제한)

ⓒ 귀국하는 관광자에 대한 세관의 허용량 규제

ⓓ 국외관광에 대한 제한(목적, 연령, 횟수, 방문국가의 정치이념)

② 관광수용국에서의 제약

ⓐ 외래관광자에 대한 통화소지 제한

ⓑ 입국사증 · 서류심사 · 체류기간의 제한

ⓒ 자동차 · 유람선 기타 교통기관으로 입국하는 경우에 공식적인 절차의 복잡성

ⓓ 국제운전면허증 · 자동차보험 등의 통용가능성에 대한 공식적인 제한절차

ⓔ 자국민이 아닌 자의 국내재산에 대한 제한

ⓕ 외래관광자에게 부과하는 세금

✱ 여행사에 대한 장애요인

③ 외국인 투자나 공동참여상의 제한

④ 외국인 회사의 자국지사나 자회사 설립에 대한 제한

⑤ 여행전문업 운영에 있어서 외국인에게 차등이나 직접 운영하기 곤란하도록 만든 자격기준의 적용

⑥ 외국인 임원과 외국인의 고용에 대한 제약

⑦ 경영자격 획득의 곤란

⑧ 자금의 국내유입 및 국외유출에 따른 자금전환과 관련된 사항

⑨ 비설립외국인회사나 자국 내에서 설립된 중간매개회사를 통하지

않고 고객에게 직접 광고나 판촉 또는 판매하는 행위에 대한 제한

⑩ 위와 같은 항목에 대하여 EU 국가에서의 EU 국가와 비 EU 국가 간의 차별

✱ 교통사업에 대한 장애요인

⑪~은 여행사에 대한 장애요인의 ③~⑩과 같음.

⑫ 자국소유가 아닌 항공사 · 자동차 · 철도 · 크루즈선박에 대한 제한

⑬ 자국방문자의 외국항공사나 선박 이용에 대한 제한

⑭ 항공기 이착륙수수료, 세금 또는 공항세에 있어서의 제한

⑮ 상대방 자격에 대한 상호 인식부족

⑯ 자국항공사나 페리 서비스종사원 자격에 대한 정부의 요구

⑰ 자국항공사나 철도회사에 적용하는 특별운송조건과의 차별대우

⑱ 예약 시스템으로의 접근 규제

✱ 숙박업체에 대한 장애요인

⑲~은 여행사에 대한 장애요인의 ⑫~⑱과 동일

⑳ 필수품 수입상의 제약

㉑ 자국회사의 계약상의 요구조건

㉒ 외국참여회사에 대한 세금제도의 차별대우

㉓ 외국인에 대한 소유제한과 외국인의 자본보유나 자본분배에 따르는 증권에 관계된 문제들의 제한

㉔ 예약 시스템으로의 접근상의 규제

✱ 기타 장애요인

㉕ 건강진단과 소비자보호 등의 규정에 대한 차별대우

㉖ 중앙정부나 지방자치조직 또는 중개인을 이용할 의무

㉗ 기타 장애요인들

국제관광의 발전요인과 장애요인에 대한 연구들 중 최승이 · 이미혜(2001 : p. 137)는 국제관광의 발전요인과 장애요인에 대한 연구에 있어서 앞으로의 연구방향은 발전요인과 장애요인을 상호 독립적인 요인으로 분석할 것이 아니라 상호관계와 양면성을 전제로 접근해야 한다고 주장하였다. 또한 고석면 외(2001 : pp. 363~364)는 국제관광의 발전요인과 장애요인을 다음과 같이 국가별로 분류하였다.

5) 국제관광효과

국제관광효과란 국제관광활동으로 인하여 특정한 국가나 지역에서 일어나는 변화라고 말할 수 있는데, 크게 경제적 효과와 사회적 효과 및 문화적 효과 3가지로 나누어 볼 수 있다.

✱ 경제적 효과

국제관광의 경제적 효과(economic effect)란 국가 간 관광자의 이동에 따라 관광송출국과 관광수용국의 경제현상에 미치는 여러 가지 영향이라고 할 수 있다.

경제적 효과는 직접효과 · 간접효과 · 유발효과로 나누어 볼 수 있다.

먼저 직접효과는 관광자가 최초로 지출한 비용이 관광송출국과 관광수용국의 국민경제에서 직접적으로 관광산업부문에 창출하는 경제적 효과를 의미한다.

예를 들어 국제관광자의 최초의 지출은 항공사 · 호텔 · 여행사 등 관광산업부문을 통해서 이루어지게 되는데, 이렇게 관광산업부문을 통해서 직접적으로 이루어지는 경제적 결과를 직접효과라고 한다.

간접효과는 국제관광자의 지출로 인해서 간접적으로 영향을 받는 산업부문에서 소득과 고용이 창출되는 것을 의미한다. 예를 들어 국제관광자가 항공사에 지출한 비용 중 일부를 항공사는 연료비로 정유사에 지급하게 되는데, 항공사와 정유사 사이에는 직접적인 관계가 형성되지만, 국제관광자와 정유사의 관계는 간접적인 관계가 형성된다. 이와 같이 국제관광자의 지출로 인해 간접적으로 영향을 받는 산업부문에서 소득과 고용이 창출되는 것이 간접효과이다.

한편 유발효과란 국제관광자의 지출증가로 인한 관광목적지의 수입증가로 가계부문의 소득이 증가함에 따라 소비지출의 규모가 증가하게 되고, 이러한 소비지출증가가 한 국가 또는 지역의 다른 산업의 매출액 증가와 고용기회의 창출 등 지역경제를 활성화시키는 것을 의미한다(최승이 · 이미혜, 2004 : p. 146). 특히 국제관광은 관광수용국의 국제수지 개선에 크게 기여하는 효과를 발생시킨다.

✱ 사회적 효과

국제관광의 사회적 효과는 관광자 간의 국가 간 이동으로 인한 관광수용국 사회구조의 변화를 의미한다. 어떤 지역이 국제관광의 목적지로 발전하게 되면 그 지역 산업구조의 변화를 수반한다. 이러한 산업구조의 변화는 인구구조의 변화를 가져오게 된다. 인구구조의 변화에는 인구이동에 따른 인구의 양적 증감을 나타내는 인구규모의 변화, 성별 · 연령 · 학력 등과 같이 인구의 특성을 나타내는 인구구성의 변화, 인구의 공간적 정주상태를 나타내는 인구분포의 변화 등이 있다.

또한 국제관광은 관광송출국과 관광목적국의 상호작용으로 인해 개인 및 지역사회에서 소비양식의 변화를 가져오게 한다. 외부로부터 새로운 소비양식이 도입되면 단기적으로 갈등을 일으키기도 하지만, 기존의 소비양식과 양립하거나 기존의 소비양식을 변화시킨다.

마지막으로 국제관광은 사회문제를 증가시킬 수 있다. 국제관광에 따른 사회문제란 관광목적지 주민과 관광자 사이의 상호작용으로 사회구조에 미치는 일탈행위를 의미하는데, 여기에는 범죄 · 도박 · 매춘 등이 있다.

✱ 문화적 효과

관광은 현지문화 · 관광자문화 · 수입문화의 3개 문화가 접촉해서 새로운 관광문화로 형성된다. 현지문화란 관광자를 받아들이는 문화, 즉 관광수용국의 독특한 문화를 말한다. 관광자문화란 관광자가 관광도중 행하는 생활방식을 의미하며, 수입문화란 관광자의 자국문화를 의미한다.

국제관광은 이질성이 있는 문화가 상호작용하는 과정이므로, 국제관광으로 인한 문화적 영향은 관광목적지의 문화에 많은 영향을 미친다. 문화의 변동은 문화전파 · 문화접변 등을 통해서 이루어지는데, 먼저 문화전파란 한 문화의 요소나 특성 등 문화가치가 다른 문화로 번져 나가는 것을 의미한다. 문화접변이란 이질적인 문화가 직접적인 접촉을 통하여 하나의 문화 또는 접촉이 이루어진 문화 모두가 변화하는 과정을 의미한다.

사례 값은 중국에 밀리고 인프라는 일본에 뒤지고 관광도 '샌드위치'

상의, 307개 여행업체 조사 … "한국, 너무 비싼 탓"

지난 여름 가족과 제주도 피서를 의논하던 이모(45)씨는 계획을 바꿔 중국 패키지 투어를 갔다. 왕복항공료(1인당 18만원), 숙박료(콘도1박당 15만원), 렌터카(하루 9만원) 등 기본 경비에 식대와 공원 관람료 등을 더해 보니 4인 가족이 3박4일 머무르는 데 200만원 가까이 든다는 계산이 나왔다. 이에 비해 같은 기간 베이징 일대의 관광지를 돌아보는 패키지 상품은 1인당 45만원대였다. 제주 관광보다는 중국 관광이 비슷하거나 싸다는 결론이 나온 것이다.

'굴뚝 없는 미래 산업' 인 관광산업도 제조업처럼 중국 · 일본 사이에 끼인 샌드위치 신세라는 조사 결과가 나왔다. 값은 중국에 밀리고, 관광 인프라와 품질은 일본에 뒤진다. 이런 의식이 관광산업의 최일선에 종사하는 여행업계에 팽배해 있다는 사실도 충격적이다. '관광 입국' 의 앞날은 험난하다.

이런 내용은 대한상공회의소가 10일 국내 307개 여행업체를 상대로 '우리나라 관광산업의 경쟁력 및 대응실태' 를 조사한 결과다. 여행업계는 숙박 · 편의시설이나 서비스 등의 관광 인프라와 품질경쟁력면에서 일본 · 동남아에 비해 뒤지고, 숙박비와 교통비 등 가격경쟁력은 중국에 밀린다고 평가했다.

나라별 관광산업 경쟁력 지수를 최고 1점에서 최저 4점으로 매긴 결과 인프라와 품질 경쟁력은 일본이 평균 1.4점으로 가장 높았고, 한국은 2.8점으로 3위였다. 가격경쟁력도 중국이 1.6점으로 가장 높았고, 한국은 3.2점으로 3위였다.

'관광자원 경쟁력' 항목에서는 중국(1.8점)과 일본(2점)이 근소한 차이로 1,2위를 했지만, 한국은 3.5점으로 동남아에도 크게 밀리면서 꼴찌를 기록했다. 한마디로 '볼 만한게 없다' 는 이야기다.

이런 인식은 한국 관광산업의 미래에 대한 부정적 전망으로 이어졌다. 여행업체의 95.1%는 '관광산업이 미래 유망산업' 이라는데 공감했지만, 정작 '한국 관광의 미래가 유망하다' 는 답은 9.9%에 불과했다.

여행업체들이 느끼는 외국인 관광객의 불만은 '빈약한 볼거리' (40.8%)와

'과다한 비용'(26.8%)으로 집약됐다. 실제로 중국 여행사들이 자국민을 상대로 내놓는 한국과 일본 패키지 여행상품은 원고 · 엔저 현상 등으로 가격 차이가 거의 없다고 여행업계는 전한다.

손세원 대한상의 산업조사팀장은 "중국 · 일본 · 동남아 등 각국 정부는 급성장하고 있는 아시아 관광시장 선점을 위해 다양한 지원 정책을 펴고 있다"며 "우리도 신상품 개발, 세제 지원, 규제 완화 등의 정책 방안을 서둘러야 한다"고 말했다.

이현상 기자 leehs@joongang.co.kr

자료 : 중앙일보 2007. 10. 10

사례 닥터로프 뉴욕부시장이 조언하는 관광서울 4대전략

"서울의 현실을 냉정히 분석하고, 무엇부터 할 것인지 파악해야한다."

26일 서울 하얏트호텔에서 열린 제6회 서울국제경제자문단(SIBAC) 총회에서 닥터로프(Daniel L Doctoroff) 뉴욕부시장은 서울이 매력 있는 관광도시가 되기 위한 네 가지 제언을 제시했다. SIBAC는 서울을 동북아 비즈니스 중심지로 발전시키기 위한 시장 자문 기구로 올해는 '국제 관광 · 컨벤션 도시 서울'이라는 주제로 열렸다.

닥터로프 부시장은 마이크 블룸버그 뉴욕시장을 보좌하며 9 · 11테러 이후 급감했던 외국인 관광객을 증가세로 돌리는 데 결정적인 몫을 하고 있다. 다음은 닥터로프 뉴욕 부시장 인터뷰 요지이다.

도쿄와 베이징에서 비행기로 2시간대인 서울은 지리적으로 장단점을 모두 갖고 있다.

이를 잘 활용하면 동북아 관광중심지로 성장할 수 있지만, 그렇지 못하면 일본 · 중국 도시와 치열한 경쟁에서 뒤처지게 된다.

겉 이미지로 보는 서울의 단점으로 세 가지를 꼽을 수 있다. 우선 중국과 일본에 비해 물가가 너무 비싸며, 길에서 마주친 시민 중에 영어를 자유롭게 구사하는 인구가 적다. 무엇보다 외국인들은 여전히 서울의 치안과 안보가 불안하다고 느끼고 있다.

'MPMS'로 요약되는 네 가지 점에 주목하면서 문제를 해결해나가도록 제안하고 싶다.

Money	People	Strategy	Message
물가는 높지만 호텔비 내려라	외국 관광객에 친절한 시민들	관광객 어필할 브랜드 만들라	전통·미래융합 차별화 나서라

우선 물가(money)는 높지만 호텔 이용 등 관광 비용이라도 낮춰야 한다.

뉴욕이 9·11 이후 한때 급감했던 관광객이 다시 늘어나는 데는 마케팅 활동만큼 달러 약세가 큰 몫을 했다.

둘째, 사람(people)들을 잘 활용해야 한다. 관광 종사자는 물론 거리에서 만난 시민들도 외국인 관광객에 대한 친절함이 몸에 익숙해 있어야 한다. 뉴욕 역시 이방인에게 '불친절하다'는 인식이 널리 있었지만, 시민들 협조로 '친절한 도시'로 바꾸려 노력하고 있다. 이를 위해 스포츠 스타와 영화배우들이 공항에서 관광객들을 맞이하는 등 다양한 친절 이벤트를 벌이고 있다.

셋째, 도시 홍보도 전략(strategy)이 필요하다.

어떤 도시 이미지를 내세우며 관광객 유치에 나설지, 적당한 마케팅 비용과 관광객 유치 타깃을 명확히 해야 한다. 뉴욕은 '자유의 여신상'으로 오래도록 이미지가 각인돼 왔다. 하지만 뉴욕을 방문하지 않고도 사진으로 이를 본 외국인들은 마치 뉴욕에 가본 듯한 느낌을 갖고 있다.

이를 깨우치고자 뉴욕은 'NYC(뉴욕시)'라는 브랜드로 뉴욕 이미지를 새롭게 하고 있다.

시내 모든 택시에 NYC 브랜드를 새기고 기념품 가게의 옷과 선물도 NYC로 이미지를 통일했다.

외국에서 NYC가 새겨진 티셔츠를 입은 사람들은 '나도 뉴욕에 가봤어'라는 자부심을 갖게 한다.

마지막으로 관광객에게 어떤 메시지(message)로 어필할 것인지 명확히 해야 한다. 서울은 도심에 전통문화와 첨단 IT가 공존하고 있다. 이를 관광객들이 곳곳에서 보고 느낄 수 있도록 해야 한다. '전통과 미래의 융합' 은 서울이 중국 · 일본 도시와 경쟁해 승리하기 위한 틈새시장(Niche Market)으로 적합하다.

자료 : 매일경제, 2007. 10. 26

2 국제관광 관련기관 및 단체

1) WTO(World Tourism Organization : 세계관광기구)

(1) 연혁

WTO의 모체는 1925년 설립된 IUOTO(International Union of Official Travel Organization)로서 1975년 스페인 마드리드에서 발족되었으며, 1979년 세계관광의 날을 제정하고, 1980년에는 필리핀의 마닐라에서 세계관광에 관한 마닐라 헌장을 채택함으로써 세계관광의 좌표를 정립할 뿐만 아니라 정부의 역할을 규명하고, 1982년의 멕시코 아카풀코에서 아카풀코 선언문을 채택함으로써 마닐라 선언의 실행방안을 제시하였다.

회원 수는 2008년 현재 정회원이 160개 국가가 있고, 350개 이상의 민간 · 공공관련 찬조회원들로 구성되어 있다.

(2) 설립목적

① 관광을 통한 경제발전, 국가간 이해증진, 국제평화와 인권존중에 기여

② 관광분야에 있어서 개발도상국의 이익을 특별히 배려

③ UN 및 국제관광기구와의 효과적인 협력 유지 및 활동에 참가

(3) 주요활동

① 관광에 관한 연구, 조사, 출판사업

② 관광진흥을 위한 각종 기술회의 세미나, 워크숍 개최

③ 관광인력 양성사업(세계 관광연수원 설치 운영)

④ UNDP와의 협력사업 추진

⑤ 관련전문기구와 협조하에 관광객의 여행 장애 요소 제거

2) ASTA(American Society of Travel Agents Association : 미주여행협회)

(1) 연혁

1931년 설립되어 정회원은 여행알선업체, 준회원은 항공, 선박, 철도, 버스, 렌터카, 호텔, 유원지, 정부관광기구 및 관광개발업체, 국제부회원은 미국, 캐나다 이외 지역의 회원업체(120여 개국)들로 구성되어 있다.

ASTA는 세계 최대의 여행업자 단체로서 미국여행업자들로 시작되었던 것이 이같이 급성장한 것은 미국이 세계최대 관광시장이라는 점이 크게 작용한 것이다. 본부는 미국 버지니아주 알렉산드리아에 있으며 워싱턴 D.C와 샌디에고 지역사무소가 총괄업무를 하고 있다.

(2) 설립목적 및 활동

모든 국민의 여행편의 제공, 여행업계의 발전 및 권익보호, 업자로부터 항공사, 선박회사, 정부관계기관의 상호이해와 협조촉진, 여행업계를 대표하여 각국 정부 및 관계기관에 관광시책 건의 등 여행업자가 집결하여 회원의 공통이익을 옹호하고 상도덕을 고취하여 ASTA 윤리규정을

존중케 하며 업자 상호 간의 과다경쟁을 방지하여 일반의 여행의욕을 촉진 장려하여 관광사업을 발전시키는데 그 목적이 있다.

① 항공사 요금 및 여행목적지에 관한 협의 조정

② 여행사의 기호조사 연구 및 여행자에 대한 서비스 개선

③ 지방행정 단위 및 정부기관과 여행문제에 대한 긴밀한 협조

④ 정기간행물 발간(ASTA Travel News)

3) UFTAA

(Universal Federation of Travel Agents Association : 세계여행협회연맹)

(1) 연혁

1966년에 설립된 각국 여행업자의 국제조직기관으로 120여 개국의 1,000여 개 업체가 회원으로 가입되어 있고, 본부는 벨기에 브뤼셀에 있으며, 한국에서도 관광협회 및 대한여행사 등이 가입하여 활동하고 있다.

(2) 설립목적 및 활동

관광진흥과 여행업자의 이익을 위해 각 정부관계기관이나 준정부관광기관과 교섭하는 역할을 행하며, 현재 회원과 여행업자협회를 통해 국제관광산업의 중추적 역할을 하고 또한 정통적 지위를 확보하기 위해서 단결하자는데 그 목적이 있고 주요활동내용은 다음과 같다.

① 세계 각국 여행자협회의 결속을 강화한다.

② 국가마다 한 개의 여행업자 협회를 인정토록하여 국가차원에서 관광산업을 집중 도모한다.

③ 여행업자협회가 없는 국가에 대해서는 국가차원에서 협조가 조직

되도록 지원한다.

④ 여행업자협회가 국제적 수준에 도달하도록 공적인 국제회의와 연결되도록 하고 여행업자협회가 국가적으로 영향력 있는 수준이 되도록 오리엔테이션을 촉진한다.

⑤ 여행자협회에 적용될 수 있는 규칙을 제정한다.

⑥ UFTAA의 회원인 여행업자협회 사이에서 발생하는 전문적 사항이나 문제를 해결한다.

⑦ 여행업자협회 입장에서 흥미와 관심이 될 관광정보자료를 제공한다.

⑧ 관광업의 건전한 발전을 촉진하기 위해 정부관광기관이나 준정부기관의 항구적인 협약을 체결한다.

4) WATA(World Association of Travel Agency : 세계여행업협회)

(1) 연혁

1948년 설립되어 현재 100여 개국의 260여 개 여행사가 회원으로 가입되어 있으며 본부는 스위스 제네바에 위치해 있고, 한국에서도 몇몇 여행사들이 가입되어 있다.

(2) 설립목적 및 활동

회원 여행업자의 보호 및 회원의 상업적 이익을 극대화 하기 위해 상호단결의 강화 및 세계 관광객의 왕래촉진을 목적으로 한다.

WATA의 주요활동은 다음과 같다.

① 회원인 여행자의 권리, 자격의 침해가 없도록 보증하는 일

② 회원 상호간의 결속으로 개개업자에게 발생할 위험을 경감시키는 일

③ 회원업자의 합동광고로 회원업자의 경비절감을 시키는 일

④ 정기간행물의 발간, 특히 "Master-key"는 세계관광자료로서 귀중한 자료이다.

5) PATA(Pacific Asia Travel Association : 태평양 아시아 관광협회)

(1) 연혁

1951년 Hawaii Visitors Bureau 제창으로 태평양지역 공동관광기구인 비영리단체로서 설립되어 정부관광기관, 항공, 선박, 철도 등의 운수업자, 여행업자, 호텔업자, 출판, 광고, PR업자, 조사업자, 자문회사, 투자금융업자 등으로 회원이 구성되어 있다. 현재 회원수는 본부회원이 69개국 2,137개 업체, 지부회원이 16,000개 업체에 이르고 있으며 본부는 미국의 샌프란시스코에 있다. 1979년 한국에서도 총회가 개최되기도 했다.

(2) 설립목적 및 활동

태평양 아시아 전 지역에 걸쳐 관광산업의 발전을 촉진, 장려하고 관광자원 및 시설을 개발, 확충하며 또 교육훈련 사업의 지원과 자문을 위하여 공동노력을 기함에 있다.

태평양지역 관광협회는 회원들의 권익증진을 위한 활동과 함께 태평양지역 전체의 관광산업발전을 위한 각종 마케팅, 조사, 연구사업 등을 하고 있다. 그리고 연차총회는 PATA의 중대사업의 하나로 매년 4월경 주요 회원국에서 개최하며 관광관련 회의와 세미나를 주최하고 있다.

6) EATA(East Asia Travel Association : 동아시아 관광협회)

(1) 연혁

1967년 일본국제관광진흥회의의 제의를 계기로 동남아 7개국의 관광기관이 모여 창설되었으며 관광공사가 EATA 창립회원으로 활동하고 있으며, 대만, 일본, 홍콩, 한국, 마카오, 태국, 필리핀 등 7개국 정부 정회원 6개의 항공사 정회원과 1개의 찬조회원 등으로 구성되어 있고 본부는 동경에 위치하고 있다.

(2) 설립목적 및 활동

회원국의 외래관광객 유치와 회원국 간의 왕래촉진을 도모하고, 회원국의 관광사업을 진흥시킬 것을 목적으로 하며 주요활동은 다음과 같다.

① 회원국 내의 관광관련업체의 상호협조활동과 공동조사, 선전사업을 실시

② 연차총회 및 위원회 지부활동

③ 구미공동선전

④ 선전영화 및 공동포스터 제작

⑤ 회원국 간의 출입국 수속 간소화를 위한 활동 등이다.

7) ICAO(International Civil Aviation Organization : 국제민간항공기구)

(1) 연혁

1944년 미국 정부는 전후 항공운송의 제문제를 토의하기 위하여 연합국 및 중립국 55개국을 시카고에 초청하여 개최한 시카고 회의에서는

52개국이 참가하였으며, 국제민간항공조약(시카고조약)을 채택하였다.

이 조약은 국제민간항공의 안전과 발전을 모색하고 국제항공 운송업무가 기회균등주의로 기초가 확립되었으며, 건전하고 경제적으로 운영하도록 일정한 원칙을 확정짓고 26개국이 이의 추진을 완료하고 1947년 4월 4일에 발효했다. 기구는 3년마다 개최되는 총회와 이사회 법률 위원회, 항공위원회, 항공운송위원회, 불법행위 방지위원회로 구성된다.

우리나라는 1952년에, 북한은 1977년에 각각 가입하였으며, 본부는 캐나다 몬트리올에 위치하고 있다.

(2) 설립목적 및 활동

ICAO는 다음 사항의 준수로 국제항공의 원칙 및 기술을 발달시킴으로써 국제항공운송의 계획과 발전을 조장시키는 것을 목적으로 한다.

① 세계를 통하여 국제민간항공의 안전 및 발전을 확보할 것

② 평화적인 목적으로 항공기의 설계 및 운항의 기술을 개발할 것

③ 국제민간항공을 위한 항공로, 공항 및 항공보안시설을 발전시킬 것

④ 안전, 정확, 능률적이고 경제적인 항공에 응할 것

⑤ 불합리한 경쟁으로 생기는 경제적 낭비 방지, 회원국의 권리가 충분히 존중되고 공정한 기회 제공, 체결국이 국제항공기업을 운영할 것

⑥ 체결국의 차별대우를 피할 것

⑦ 국제민간항공의 모든 면에서 전반적인 발달을 촉진할 것

8) IATA(International Air Transport Association : 국제항공운송협회)

(1) 연혁

1944년 11월 미국의 시카고에서 미국과 영국, 프랑스 등 연합국 중심의 54개국이 모여 ICAO의 설립 기초가 되는 시카고협약을 채택하였으나 국제항공운임과 수송력을 규제하는 등 항공운송 사업의 권익이 충분히 보장되지 않자 이듬해인 1945년 4월 41개 연합국 및 중립국의 항공사 대표들이 쿠바의 하바나에서 회의를 개최하고 같은 달 19일자로 정관을 채택함으로써 정식으로 IATA가 설립되었다.

IATA는 세계의 정기항공수송을 행하고 있는 수백 개의 회사의 집합체인 동시에 각 항공회사, 정부 및 일반대중에의 봉사기관이라고 할 수 있다.

본부는 스위스 제네바에 있으며 우리나라는 42개의 국내여행사가 가입해 있다.

(2) 설립목적 및 활동

각 항공사가 가진 개개의 노선과 업무를 제휴하여 세계적인 공공서비스 조직을 가지고 있으며 IATA의 설립 목적은 다음과 같다.

① 인류의 공동이익을 위해 안전하고 경제적인 항공운송사업을 육성함과 동시에 이와 관련하는 제반 문제를 연구한다.

② 국제항공운송업무에 직 · 간접으로 종사하고 있는 항공운송기업간의 협조를 위해서 가능한 한 모든 수단을 제공한다.

③ ICAO를 포함한 여타의 항공관련기구와 협조를 유지하며 이를 더

욱 강화시켜 나간다.

한편, IATA의 활동내용을 살펴보면,

① 항공사가 당면하고 있는 제반 문제점에 대해 공동으로 해결책을 모색하고 각 항공사의 경험과 지식 그리고 정보를 상호 교환한다.

② 각국의 정부가 국제선 항공운임과 요율을 정할 때 정부 간 조정협상의 매체를 제공한다.

③ 일반 대중을 위해 고수준의 효율적인 항공운송(안전성과 편의성)을 제공하고 경제성이 있는 최저운임을 보장하며, 통일된 체제를 통하여 손쉽게 해외여행이 이루어지도록 한다.

사례 토마스 쿡 여행사

1841년 영국인 토마스 쿡(Thomas Cook)은 금주회의에 참여하는 570명의 철도승객을 위한 교통편을 수배하였다. 쿡은 루브르(Loughborough)에서 리체스터(Licester)까지 열차를 전세내어 승객들을 모집하여 금주회의에 참가시켰다. 1실링의 요금으로 10마일 여행에서 승객들은 차 · 빵 · 음악을 제공받았다. 4년 후 쿡은 잉글랜드, 스코틀랜드, 유럽을 통과하는 단체여행객의 철도와 기선을 관리하기 시작하였다. 철도회사에서는 그가 판매하는 승차권에 대하여 수수료를 지불하였다. 1855년 토마스 쿡은 영국에서 파리의 산업박람회 전시장까지 최초로 국제적인 여행을 기획하였다. 그 다음해에 그는 유럽대륙으로의 그랜드 투어(grand tour)를 운영하였다. 거의 혼자서 토마스 쿡은 여행사와 여행안내라는 두 가지 중요한 개념을 창조하였다.

자료 : 정석중 외, 1998, 요약 정리. 재인용

사례 호텔 · 항공업 아우르는 '종합그룹' 야심-**여행업계 국내 1위 하나투어**

부도업체가 속출하는 여행업계에서 하나투어는 차별화한 경영전략으로 '업계1위'를 고수하고 있다. 여행사로선 유일하게 코스닥에 상장됐고, 매년 30%의 성장률을 기록 중이다. 다양한 상품 기획력, 방대한 여행정보, 현지 네트워크 강화 등이 그 배경이다.

하나투어는 2001년 1월 15일 여행업계 최초로 코스닥 시장에 등록했다.

하루에도 서너 곳의 여행사가 문을 열고, 대여섯 곳의 여행사가 문을 닫는 국내 여행업계에서 하나투어는 분명 독보적인 존재다. 여행사로는 유일하게 코스닥에 등록된 업체일 뿐 아니라 해마다 매출액이 30% 안팎씩 꾸준하게 성장하고 있기 때문이다. 하나투어의 지난해 매출액은 528억 원. 업계 최고의 실적이다. 최근에는 관광전문 포털 사이트를 출범시키면서 온라인 여행시장에서도 선두주자로 부상하고 있다.

하나투어는 설립 초기부터 종업원 지주제를 도입했다. 직원 모두가 주주로 참여해 경영의 투명성을 높일 수 있을뿐더러 직원들도 회사 업무를 자기 일처럼 여기리라는 판단에서다. 다만 급여체계는 철저한 연봉제와 성과급제다. 능력에 따라 연봉을 정하고 보너스를 준다. 보너스도 주식으로 주는 경우가 대부분이다. 하나투어의 현재 주가는 1주당 1만 5000원 선. 거래소, 코스닥 할 것 없이 증시가 휘청거리고 있는 요즘에도 하나투어는 많은 애널리스트들이 투자 추천종목으로 꼽을 만큼 인정된 면모를 보여준다.

하나투어는 1993년 국일여행사의 자회사인 극진여행사로 출발했다. 그 후 여행 도매시장의 성장 가능성을 확신하고 1995년 국일여행사로부터 자본을 완전히 분리해 하나투어로 독립했다. 설립 당시부터 여행도매업(wholesale)을 표방했다. 하나투어가 자체적으로 개발한 패키지 여행상품은 업계에서 가장 구색이 다양하고 여행객들에게 인지도가 높은 것으로 정평이 나 있다.

여행도매업이란 여행상품을 기획해서 소매 여행사와 대리점, 카드회사, 홈쇼핑 채널 등에 판매하는 방식을 말한다. 도매 여행사는 소매 여행사에 비해 장점이 많다. 무엇보다 소매 여행사나 대리점을 통해 고객을 모집하므로 인건비와 광고비 부담이 훨씬 적다.

경기에 상대적으로 덜 민감하다는 것도 빼놓을 수 없는 장점. 일반 여행업체의 경우 하루에도 몇 곳씩 도산할 만큼 경기의 흐름을 심하게 탄다. 불황이나 비수기에는 단체 여행객 모집이 어려워지게 마련이다. 따라서 소매 여행사는 경기가 좋지 않을 때 위험부담을 줄이기 위해 자체 기획상품보다는 도매 여행사에서 상품을 공급받아 관광객을 모집하는 경우가 많다.

지난해 월드컵 축구대회가 열리던 시기에 해외로 떠난 국내 여행객은 평소보다 줄었지만, 하나투어 상품을 이용한 여행객은 오히려 10% 정도 늘었다. 미국의 9 · 11 테러나 인도네시아 발리 폭탄테러 사건이 터졌을 때 소매 여행사들은 그야말로 '바람 앞의 등불' 신세였다. 그러나 여행도매업을 전문으로 하는 하나투어는 이런 시기에도 매출액이 늘었다고 한다.

하나투어는 지난 5년 내내 여행업계 중 최고의 매출액을 올렸다. 성장률도 매년 30%에 이른다. 해외시장은 물론 국내시장도 석권할 만큼 높은 시장점유율을 자랑하고 있지만, 한때는 전직원이 허리띠를 졸라매고 눈물겨운 나날을 보낸 적도 있다. 외환위기 여파로 회사의 주식 가치가 폭락하자 분을 삭이지 못하고 스스로 회사를 떠난 직원도 있다.

하나투어는 시장점유율을 높여가는 한편으로 서비스 개선에도 힘썼다. 그 대표적인 사례가 여행업계 최고로 해외에 현지법인을 설립한 것. 여행업은 다른 어떤 산업보다도 해외 현지법인을 통한 네트워크 구축이 중요한 점을 감안해 1999년 태국법인을 설립했고, 이어 사이판, 괌 등을 비롯한 동남아시아, 미주, 호주 등 모두 12곳에 현지법인을 만들었다. 올해 안에 중국 베이징과 상하이에도 현지법인을 두고, 2010년까지는 세계 각국에 60여 개의 현지법인을 세울 계획이다.

이처럼 세계 곳곳에 현지법인 중심의 네트워크를 거미줄처럼 촘촘하게 마련하려는 것은 일본의 JTB나 미국의 아메리칸 익스프레스 같은 매머드급 경쟁자들과 맞설 수 있는 튼튼한 발판을 마련하기 위함이다. 또한 해외여행업은 양질의 서비스에 승부가 달린 만큼 현지법인을 통해 숙박이나 여행 가이드 알선, 여행 스케줄 조정 등에서 보다 발빠른 현지 대응으로 고객의 만족감을 높이기 위함이다.

하나투어는 하나투어와 해외법인 간, 해외법인과 해외법인 간의 시너지 효과를 높이기 위해 '투어토탈닷컴(www.tourtotal.com)'을 설립했다. 인터넷 시대에 대비한 온라인 여행 포털 사이트다. 하나투어는 이 비즈니스 모델로 벤처인증을 받기도 했다.

투어토탈닷컴은 하나투어가 확보한 방대한 여행정보를 전국 소매 여행사들의 홈페이지에 연결시켜 공유 환경을 구축하고 있다. 온라인에서 예약이 가능하기 때문에 하나투어로서는 대리점과 영업인력을 줄일 수 있고, 대신 여행상품을 기획하고 개발하는 데 더 많은 투자를 할 수 있게 된다. 앞으로 여행상품은 '다품종 소량생산'으로 다양한 선택이 가능하도록 발전해야 하기 때문에 온라인 판매를 통해 절감된 비용과 수익금을 상품기획과 개발에 더 투자할 생각이다.

하나투어는 2010년까지 세계 10대 여행사로 성장하고 시장점유율 50%로 끌어올린다는 목표를 세웠다. 향후 호텔과 항공 비즈니스 등에도 진출할 계획인데, 특히 항공산업을 통해 새로운 관광지를 개척, 하나투어를 종합 여행그룹으로 키운다는 야심을 갖고 있다. 매출 목표도 지금보다 10배나 늘려 잡았다.

과당 경쟁으로 몸살을 앓고 있는 여행업계에서 하나투어가 어떻게 최강의 자리를 지켜갈지 주목된다.

자료 : 신동아, 2003. 04. 01

제 06 장 국제관광 경영전략

제1절 글로벌전략의 수립
제2절 해외직접투자
제3절 전략적 제휴 및 국제합작투자
제4절 해외인수 · 합병

제6장 ›››

국제관광경영전략

제1절 글로벌 전략의 수립

1 글로벌 전략

* 글로벌 전략의 수립

급변하는 글로벌 환경하에서 다국적기업(multinational corporation)들이 글로벌 전략을 수립하는데 있어서 가장 고민하는 부분은 서로 상반된 개념인 현지화(localization)와 글로벌화(globalization)를 균형 있게 조화시키는 일이다. 다국적기업들은 조직의 특성상 지리적으로 멀리 떨어져 있어 정치 · 경제 · 사회 · 문화적 환경이 다른 국가에서 운영되지만 기업 전체적으로는 하나의 조직이다.

다국적기업의 본사(headquarters)와 자회사(subsidiary)의 관계를 살펴보면 일반적으로 본사가 여러 가지 경영자원을 가지고 자회사를 통제하는 현상을 나타내지만, 일본 Sony의 미국 자회사 사례와 같이 자회사가 본사가 보유하지 못한 경영자원을 가지고 본사의 통제권 밖에 있는 경우도 있다.

다국적기업의 자회사들은 역할에 따라서 서로 다른 특성을 가지고 있기 때문에 본사의 입장에서 모든 자회사들을 대상으로 동일한 통제 메커니즘을 사용하는 것은 바람직하지 않다. 다국적기업의 글로벌 전략은 일반적으로 현지화 전략(multidomestic strategy), 글로벌 전략(global strategy), 초국적 전략(transnational strategy) 등 3가지로 분류할 수 있다.

현지화 전략은 본사가 각 나라마다 자회사를 설립하여 본사와 자회사간의 통제없이 자회사의 운영은 각 나라의 자회사가 책임지는 형태의 전략이다. 글로벌 전략은 본사가 해외 주요 지역에 설립된 자회사를 통제하는 형태의 전략이며, 초국적 전략은 세계 여러지역에 자회사를 설립하고 이들 여러 자회사들을 하나의 기업으로 통합하는 전략을 의미한다.

하지만 어떠한 다국적기업도 완전한 현지화(localization) 전략을 구사하거나 글로벌(global) 전략을 구사하는 기업은 존재하지 않으며 모든 기업들은 현지화 전략과 글로벌 전략 사이에 연속선상에 존재하고 있다. 다만, 우리가 다국적기업의 전략을 분류하는 것은 우리의 개념적인 이해를 도모하기 위함이다. 다국적기업들이 취하는 글로벌 전략들 중 어떤 특정한 전략이 다른 전략들과 비교해서 더 우수한 전략은 아니고 각각의 다국적기업이 처한 상황과 산업의 특성 등에 따라 다국적기업들은 그들이 취할 글로벌 전략을 선택하게 된다.

하지만 여러 산업에서 나타나고 있는 공통적인 현상은 산업이 글로벌화됨에 따라 기업들도 점점 국가별 전략에서 글로벌 전략으로 경쟁전략을 바꿔가고 있다는 사실이다.

(1) 글로벌 전략의 주요요소

글로벌 기업들에게는 글로벌화와 현지화를 동시에 달성해야 하는 상반된 목표가 동시에 존재하는데 글로벌화가 더욱 강조되는 산업은 표준화된 제품을 대량생산하는 산업과 연구개발분야에서 규모의 경제 효과가 큰 산업이다.

한편, 다국적기업들이 현지화를 해야하는 이유들로는 환율변동으로 인한 국제경쟁력 약화 대비, 보호주의 무역 대비, 각 나라별로 정치 · 문화적 환경의 차이 극복 등을 들 수 있다.

글로벌 기업들은 글로벌 전략을 수립할 때 다음과 같은 사항들을 고려해야 한다(장세진, 1999 : pp. 160-161).

첫째, 자사의 경영자원이 국제적으로 이전가능한가를 고려해야 한다.

예를 들어 어떤 기업이 한국 내에서는 품질과 가격면에서는 경쟁우위가 있다고 하나 전 세계적인 경쟁기업과 비교하여 그 우위가 크지 않다면 그 기업은 해외시장에 진출해서 성공할 확률은 희박하다고 볼 수 있다. 따라서 기업들은 자신이 갖고 있는 경영자원이 국제적으로도 이전가능하여 경쟁우위를 유지할 수 있는가를 냉철하게 검토해 보아야 할 것이다.

둘째, 글로벌 전략을 수립할 때에는 생산시설을 어디에 배치해야 할 것인가의 문제를 고려해야 한다.

글로벌 전략의 수립시에는 생산활동을 여러 단계로 구분하고 개별생산활동을 전 세계적으로 가장 잘 수행할 수 있는 국가로 재배치하는 것이 중요하다.

셋째, 글로벌 전략을 수립하는 기업은 구체적인 진입시장의 선택이 중요하다.

즉 다국적기업의 해외시장 진출을 고려할 때에는 먼저 자사의 핵심역량을 기준으로 보아 진출 후 해외자회사가 경쟁력을 가질 수 있는가 여부를 고려하여 진입시장을 선택해야 한다.

넷째, 앞서서 개별생산활동을 국가별로 분산하기로 결정한 이후, 그 국가에 어떠한 형태로 진입할 것인가를 결정하는 진입방법의 선택이다.

해외시장에 진출하는 데에는 여러 가지 방법이 있는데 수출, 라이센싱과 같은 계약형태, 합작투자, 전략적 제휴, 인수 · 합병 등 여러 진입방법이 있을 수 있다. 다국적기업이 해외시장에 진출할 때에는 자사의 상황을 고려하여 적당한 진입방법을 고려하는 것이 가장 중요한 점 중 하나라고 할 수 있다.

마지막으로 국제적으로 시장진출을 한 후에 전 세계에 퍼져 있는 자회사들에 대한 통제와 조정을 어떻게 효과적으로 할 것인가가 글로벌 전략의 주요한 과제가 된다.

만약 다국적기업이 전 세계적으로 분산되어 있는 생산활동을 효과적으로 통제하지 못하면 그 기업은 좋은 경영성과를 내기가 어려워진다.

(2) 다국적기업의 전략 유형

✱ 현지화 전략

현지화 전략(multidomestic strategy)을 추구하는 기업들은 대체적으로 각국에 자회사를 설치해두고 자회사의 운영은 일임하기 때문에 본사(headquarters)와 자회사(subsidiary) 간의 긴밀한 협조는 없는 형태이다. 기업들은 최대한 현지화를 추구하기 위해서 현지화 전략을 추구한다. 현지화 전략을 추구하는 기업들은 자회사의 자율성(autonomy)이 높기 때문에 본사 입장에서는 통제가 힘들어진다.

현지화 전략을 구사하는 기업들은 제품의 생산과 마케팅 전략을 현지 국가의 상황에 맞게 폭 넓게 맞춘다.

호텔산업 같은 경우는 각 국가마다 소득수준이 다르고 문화적 차이가 존재하기 때문에 현지화 전략을 추구하는 경우가 많다고 할 수 있다.

그러나 특급호텔의 경우는 주요 고객들이 전세계를 여행하며 활동하는 기업의 관리층에 있는 고객들이 많기 때문에 각국에서 오는 고객들에게 전 세계 어디를 가더라도 동일한 수준의 서비스를 제공할 수 있어야 하고 같은 수준의 만족을 줄 수 있어야 한다.

Hilton, Intercontinental 등과 같은 특급호텔들은 전 세계적인 예약시스템을 가지고 있으며 세계 어디를 가든지 같은 수준의 서비스를 제공할 수 있는 세계적인 체인망을 갖춘 호텔들이기 때문에 이런 특급호텔 산업은 글로벌 전략을 취한다고 할 수 있다.

✱ 글로벌 전략

글로벌 전략(global strategy)은 본사가 전 세계적으로 주요한 몇 지역에 해외자회사를 설치하고 본사에서 자회사들을 강하게 통제하는 전략을 의미한다. 대부분의 한국과 일본의 다국적기업들이 글로벌 전략을 구사하고 있다고 할 수 있다. 다국적기업들이 글로벌 전략을 구사하게 되면 기업의 기능별로 여러 측면에서 규모의 경제를 이용하여 비용을 절감할 수 있는 장점이 있지만 현지화에 대한 압력이 강한 산업이나 시장에서는 적합하지 않은 전략이라고 할 수 있다.

✱ 초국적 전략

초국적 전략(transnational strategy)이란 세계 여러 지역에 직접투자를 통하여 자회사를 설립한 후 강력한 통제로써 이들을 하나의 기업으로 묶는 전략을 의미한다. 초국적 기업은 지역적으로 멀리 퍼져 있으면서 동시에 자회사간에도 아주 긴밀하게 협조하고 조정 시스템도 잘 형성되어 있다.

초국적 전략은 기업이 비용절감(cost reduction)과 현지화에 대한 대응(local responsiveness)에 대해서 높은 압력을 받을 때 적합한 전략이라고 할 수 있다. 초국적 전략을 추구하는 기업들은 동시에 저비용과 차별화의 장점도 성취하려한다. 초국적 전략은 이렇게 매력적인 전략이지만 기업의 입장에서 현지화에 대한 대응과 비용절감을 동시에 추구하는 것은 쉽지 않다.

2 해외시장 진입전략

다국적기업의 해외시장 진입전략으로는 크게 수출, 계약, 해외직접투자에 의한 진입방법이 있다. 수출이나 계약에 의한 해외시장 진입방법보다는 해외직접투자가 상대적으로 공격적인 해외시장 진입방법이지만 그만큼 위험성도 크다고 볼 수 있다. 또한, 해외시장 진입방법을 결정하기 위해서는 기업 요인, 제품 요인, 현지국 요인, 본국 요인 등을 고려해서 결정해야 한다. 기업 요인으로는 기업 자원, 국제경험, 최고경영자의 경영방

침 등을 고려해야 하며 제품요인으로는 서비스 요구수준, 제품차별화 정도, 제품 유형 등을 고려해야 한다. 현지국 요인으로는 시장 요인, 거시환경요인인 정치 · 사회 · 문화 · 법률적 요인 등을 고려해야 한다. 본국요인으로는 시장규모, 경쟁구조, 생산비용, 정부 정책 등을 고려해야 한다.

1) 수출

먼저, 수출(export)은 해외시장으로 진출하는 가장 기본적이면서 간단한 방법으로 재화를 해외에 판매하는 활동을 말한다. 수출은 직접수출(direct export)과 간접수출(indirect export)로 분류할 수 있는데 직접수출은 기업내부에 수출을 담당하는 부서를 두고 기업이 직접 수출업무를 수행하는 방식을 말하며, 간접수출은 국내의 종합무역상사, 외국인 바이어, 무역대리인과 같은 수출중개인을 통한 수출방법을 말한다.

2) 계약

계약에 의한 해외시장 진입방법에는 라이센싱, 프랜차이징, 계약생산, 관리계약, 턴키계약 등이 있다. 먼저 라이센싱(licensing)이란 해외진출기업이 투자대상국의 기업에게 일정한 계약하에서 제품을 생산하도록 하고, 판매 및 마케팅은 해외진출기업이 직접 담당하는 형태를 말한다. 라이센싱을 하는 목적은 진출예정국에 수출이나 직접투자에 대한 무역장벽이 존재할 경우, 수송비가 비싸거나 국가 간에 상품을 이동하는데 많은 비용이 소요되는 경우, 기술과 서비스와 같이 이전방법이 복잡하거나 이전비용이 많이 소요되는 무형자산의 경우, 투자국의 정치적 위험이 큰 경우 등이다.

라이센싱의 단점으로는 자사 브랜드나 기술에 대한 통제의 어려움, 자사가 현지에서 직접 생산활동이나 마케팅활동을 하는 경우에 비해서 작은 이익 실현, 잠재적 경쟁자의 양산, 유연성 측면에서의 제약 등이 있다.

계약에 의한 해외시장 진입방법 중 프랜차이징(franchising)은 라이센싱의 한 형태이지만 라이센싱보다 훨씬 강한 통제가 가능하다. 라이센싱이 기술이나 브랜드만을 일정기간 동안 공여하는 것에 비하여 프랜차이징은 품질관리, 경영방식, 마케팅 지원 등 프랜차이징 공여기업(franchisor)과 프랜차이징 수여기업(franchisee)을 직접적으로 관리하거나 통제한다.

호텔산업도 프랜차이징 형태로 운영되는 대표적인 업종이라고 할 수 있다. 프랜차이징의 장점은 적은 자본으로 해외시장 확대가 가능한 점과, 마케팅의 표준화, 프랜차이징 수여기업에 대한 동기부여 등이 있다. 반면에 프랜차이징의 단점으로는 기술이나 브랜드에 대한 통제가 어렵다는 점과 잠재적인 경쟁자를 양산할 수 있다는 점을 들 수 있다.

그 밖에 계약에 의한 해외시장 진입방법은 계약생산, 관리계약, 턴키계약 등이 있다.

첫째, 계약생산(contract manufacturing)이란 해외진출기업이 투자대상국의 기업에게 일정한 계약하에서 제품을 생산하도록 하고, 판매 및 마케팅은 해외진출기업이 직접 담당하는 형태를 말한다.

둘째, 관리계약(management contract)이란 계약에 의해 한 기업이 외국의 특정기업의 경영활동을 대신 수행해주고 그 대가를 받는 형태이다. 마지막으로 턴키계약(turnkey contract)이란 일반적으로 공장이나 여타 생산설비를 가동 직전까지 준비한 후 인도해주는 방식을 말한다.

(1) 라이센싱

라이센싱(licensing)이란 특정기업(licensor)이 자신의 기술 · 특허권 · 상표권, 혹은 기타 지적재산권을 다른 기업(licensee)에게 사용하도록 허락하고 그 대가로 로열티(royalty)를 받는 일종의 계약이다(전용욱, 2003 : 144)

기업이 라이센싱을 선택하는 이유는 다음과 같다.

① **무역장벽이 존재하는 경우** : 투자대상국(host country)에 수출 혹은 해외직접투자(foreign direct investment)에 대해서 무역장벽이 존재하는 경우, 기업들은 라이센싱의 방법을 선택하게 된다. 특히 개발도상국들의 경우 아직까지 투자국(home country)의 100% 소유 해외직접투자에 대해서 규제를 하는 경우가 있다.

② **이전에 문제가 있는 무형자산의 경우** : 고유한 기술이나 서비스와 같이 이전방법이 복잡하거나 이전비용이 많이 소요되는 경우에 기업들은 라이센싱의 방법을 선택한다.

③ **투자대상국에 정치적 위험이 높은 경우** : 투자대상국에 정치적 위험이 큰 경우 기업들은 라이센싱을 선호하게 된다. 즉 최악의 경우 위험도를 줄일 수 있기 때문이다.

④ **경영자원을 투입할 수 없거나 투입할 의사가 없는 경우** : 기업이 자본 · 인적자원 등의 경영자원을 투입할 수 없거나 투입할 의사가 없는 경우에 라이센싱의 방법을 사용한다. 특히 국제화 경험이 축적되지 않은 기업의 경우에는 상대적으로 안전한 시장진입방법이 될 수 있다.

⑤ **운송비용이 많이 소요될 경우** : 식음료품 등 무게가 많이 나가면서 부가가치가 상대적으로 많지 않은 제품들의 경우 운송비용이 너무 많이 들기 때문에 기업들은 라이센싱을 선택한다.

한편 라이센싱은 적은 자본의 지출, 신속한 현지시장 진입, 수월한 현지시장 사업허가 등의 장점이 있지만, 자사의 브랜드나 기술에 대한 보호와 통제의 어려움, 잠재적인 경쟁자 양성, 소액의 투자회수, 라이센싱 업체(licensee)에 대한 통제의 어려움 등의 단점도 가지고 있다.

(2) 프랜차이징

프랜차이징(franchising)은 제공기업(franchisor)이 상호 · 상표 · 기술 등의 사용권을 특정한 기업이나 개인(franchisee)에게 사용할 수 있는 권리를 부여하면서 그 대가로 로열티를 받는 형태를 말한다. 또한 프랜차이저(franchisor)는 프랜차이지(franchisee)에게 관리적인 분야에서 지원을 제공하고, 프랜차이지(franchisee)는 프랜차이저(franchisor)의 의견을 따르는 것이 일반적인 형태의 프랜차이징이다.

특히 패스트푸드(fastfood), 호텔(Hotel), 렌터카(rentacar) 등의 서비스산업에서 많이 사용된다. 일반적으로 프랜차이징의 점포의 소유권은 프랜차이지가 가지게 되지만, 점포에서 사용되는 유형적인 장비 · 인테리어 등은 프랜차이저가 일괄적으로 공급하기 때문에 소비자들의 입장에서는 어느 곳에서나 표준화된 제품과 서비스를 제공받을 수 있다.

프랜차이징의 장점으로는 적은 자본으로 해외사업 확장이 가능하고, 표준화된 마케팅으로 인한 규모의 경제 활용과 독특한 이미지 형성이 가능하다. 또한 다른 시장진입방식에 비해서 상대적으로 정치적 위험성이 낮고, 프랜차이지들에게도 동기를 부여하여 성과를 극대화시킬 수 있는 장점이 있다.

한편 프랜차이징의 단점은 기술이나 브랜드에 대한 통제의 어려움, 잠재적인 경쟁자의 위협, 소액의 투자회수 등을 들 수 있다.

특히 프랜차이징도 라이센싱과 마찬가지로 지리적으로 멀리 떨어져 있는 프랜차이지(franchisee)들을 잘 통제하고 표준화된 기준을 설립하는 것이 중요하다. 서비스산업의 경우는 제조업과는 달리 무형의 자산을 통제하는 것이기 때문에 더욱 중요성이 크다고 할 수 있다.

(3) 계약생산, 관리계약, 턴키계약

가) 계약생산

계약생산(contract manufacturing) 방식은 해외진출기업이 투자대상국의 기업에게 일정한 계약하에서 제품을 생산하도록 하고, 판매 및 마케팅은 해외진출기업이 직접 담당하는 형태를 말한다.

나) 관리계약

관리계약(management contract)은 계약에 의해 한 기업이 외국의 특정기업의 경영활동을 대신 수행해 주고 그 대가를 받는 형태이다. 이러한 관리계약은 호텔 · 레스토랑 등 서비스산업에서 주로 활용된다. 예를 들어 호텔업의 경우 소유회사는 자산관리에 전념하고 경영회사가 실질적으로 호텔을 경영하기 때문에 소유와 경영이 분리되게 된다.

다) 턴키계약

턴키계약(turnkey contract)은 일반적으로 공장이나 여타 생산설비를 가동 직전까지 준비한 후 인도해 주는 방식을 말한다.

표 6-1 국제경영관리계약 내용예시(호텔산업)

계약조건	정 의	1980년대	최근 추세
Mangement fees	호텔소유주가 운영자에게 지급하기로 한 보수	• 기본 : 총수익의 2.5 ~3.5% • 인센티브 : 총영업이익의 8~14%	• 기 본 : 총 수 익 의 1~2% • 인센티브 : 총영업이익의 6~12%
contract Term	계약기간	15~20년의 최초기간 +1~3년의 연장옵션	8~12년의 최초기간 +5~10년의 연장기간
System Reimbursable Charges	광고 · 구매 · 교육훈련 · 예약과 관련하여 운영자에게 주어지는 비용에 관한 사항	총객실수익의 2%+ 예약당 US$ 5~10	총객실수익의 1% + 예약당 US$ 4~8
Technical Assistance Fee	호텔의 배치 · 디자인 · 건축과 관련해 운영자에게 지급되는 기술적 비용에 관한 사항	객실당 US$ 1,000 ~1,500+비용	객실당 US$ 1,000 ~1,500+비용
Pre-opening Expense	운영자의 호텔영업 이전에 인력훈련 · 마케팅 · 시설의 준비와 관련된 비용에 관한 사항	원가기준	원가기준

자료 : Goddard and Standish-Wilkinson, 70 ; 이장로. 신만수, 2003 : 145 재인용.

제2절 해외직접투자

1 해외직접투자의 개념 및 의의

1) 개 념

조동성(2001 : 365)은 해외직접투자(FDI)를 "해외직접투자는 피 투자기업의 경영에 직접 참가함을 목적으로 자본 · 경영능력 · 기술 · 상표 등의 생산요소를 복합적으로 해외에 이전시키는 기업 활동이다"(조동성, 2001 : 365)라고 정의하였다.

즉 해외직접투자는 자본이득을 목적으로 외국증권을 취득하는 것과 같은 해외간접투자와 달리 투자가가 해외경영에 참가하여 이윤을 추구할 목적으로 국내자본 · 생산 · 경영 · 기술 등의 생산요소를 해외로 이전시키는 기업 활동을 의미한다.

2) FDI의 의의

해외직접투자(FDI : Foreign Direct Investment)는 기업이 보유하고 있는 생산요소 및 경영자원을 해외로 이전하여 직접 경영활동을 전개하는 형태의 시장진입방식이지만, 해외직접투자는 시장진입방법으로서의 의미만 있는 것은 아니다. 따라서 해외직접투자는 수출이나 라이센싱과 같이 해외시장 진입방식의 하나로서 분류할 수도 있지만, 투자대상국이 시장으로서의 의미보다는 조달(sourcing)기지로서의 의미가 더 큰 경우도 많이 있다. 대부분의 다국적기업들은 원자재 조달, 부품생산 및 조달, 완제품조립 등을 세계 여러 곳에서 분산해서 수행하기 때문에 본사와 자회사 혹은 자회사와 자회사 사이에 물동량이 증가하고 있다. 이러한 이유로 인해서 해외직접투자의 증가는 수출입의 증가로 이어질 수 있다. 또한 해외직접투자는 투자기업뿐만 아니라 투자대상국(host country)과 본국(home country)에도 많은 영향을 미친다. 대규모 자본 · 기술 · 인력 · 경영자원의 국가간 이전은 투자대상국과 본국에 많은 영향을 미친다.

2 해외직접투자의 동기

1) 시장추구

(1) 새로운 해외시장 개척

해외직접투자(FDI : Foreign Direct Investment)의 가장 일반적인 동기는 새로운 해외시장개척이다. 현지국에서 직접 생산과 판매를 하게 되면 시장저변의 확대를 가져올 수 있다.

(2) 무역장벽 회피

WTO(World Trade Organization) 체제의 출범으로 무역장벽이 점점 감소되는 추세이지만, 아직도 일부 국가에서 무역장벽이 존재하기 때문에 해외직접투자는 무역장벽을 회피하는 수단으로 사용될 수 있다.

2) 생산효율성 추구

(1) 환율위험 대비

해외직접투자를 통한 생산지역의 다변화는 환율변동의 위험으로부터 기업을 보호해 주는 역할을 한다. 수출위주의 국제화 전략을 추구하였던 일본기업들은 1980년대 후반부터 엔화의 급상승으로 손해를 보았다. 그 이후 일본기업들은 적극적으로 해외직접투자를 행하고 있다. 이는 생산기지가 일본에 집중됨으로써 나타나는 환위험을 직접투자를 통해 완화하려는 전략으로 이해할 수 있다.(장세진, 2004 : 245)

(2) 생산비용절감

최근 대규모 다국적기업의 해외직접투자는 효율적인 입지선정을 통해 범세계적인 비용의 효율성을 달성하려는 의도로 이루어지는 경우가 많은데, 여기서의 비용이란 각종 부품의 직접적인 생산비, 조립비용은 물론 부품공장과 조립공장 사이의 수송비, 시장국가까지의 수송비, 그리고 국가 간 이전에 따른 관세, 각국의 환율이 고려된 비용 등을 모두 포함한다 (전용욱 외, 2003 : 162).

3) 자원 추구

(1) 안정적인 자원의 확보

원유 · 철광 · 원목 등 천연자원을 주요 원재료로 사용하고 있는 기업들은 이러한 자원을 직접 채굴 · 개발 · 가공하기 위해 해외직접투자를 한다. 자원확보를 위한 해외직접투자는 안정적인 자원의 확보라는 측면과 더불어 수송비도 절감하는 효과를 나타낸다.

(2) 선진기술의 습득

자원을 추구하는 해외직접투자는 천연자원 이외에도 기술 및 정보도 포함하고 있다. 특히 개발도상국 기업들의 선진국 투자 중 선진기술의 습득을 위한 투자를 많이 발견할 수 있다.

3 해외직접투자이론

1) 독점적 우위론

Hymer가 주장한 독점적 우위이론(monopolistic advantage theory)은 해외직접투자(foreign direct investment)를 설명하기 가장 대표적인 이론 중 하나이다. 외국기업이 다른 국가에 진출할 때 현지국의 기업들에 비해 여러 가지 어려운 점들인 외국인비용(liabilities of foreignness)이 많이 발생되는데, 이러한 외국인비용을 상쇄할 만한 독점적 우위가 존재해야만 해외직접투자가 일어난다는 이론이다. 이러한 독점적 우위는 기술력, 제품차별화, 경영 및 마케팅 노하우, 저렴한 자본조달비용 등 여러 가지 형태로 나타날 수 있다.

독점적 우위론은 해외직접투자를 이론적으로 설명하려는 본격적인 시도로서 많은 가치와 기여도가 있지만 몇 가지 한계점도 가지고 있다. 첫째, 독점적 우위를 왜 수출이나 라이센싱 등 다른 해외시장 진출 방법이 아닌 직접투자로만 활용해야 하는지에 대한 점을 설명하지 못하고 있다. 둘째, 개발도상국들의 선진국에 대한 해외직접투자에 대해서도 설명하기가 어려운 점이 있다. 왜냐하면 개발도상국들의 선진국에 대한 해외직접투자가 일반적으로 인정할 수 있는 독점적 우위를 보유하고 있다고 보기 어려운 경우가 많이 있기 때문이다.

2) 내부화이론

해외직접투자가 일어나는 중요한 이유 중 하나는 기업이 해외경영을 하는 데 필요한 여러 가지 경영자원을 시장을 통해서 이용하는 것보다 기업의 내부거래를 통하는 것이 더욱 효율적이기 때문이다. 이와같이 경영자원을 국가 간에 효율적으로 이전할 수 있도록 해외직접투자가 일어난다는 설명은 거래비용이론(transanction cost theory)의 관점에서 설명할 수 있는데, 기술과 브랜드와 같은 경영자원은 시장을 통해서 거래하기 힘든 경영자원이며, 원자재의 해외구매 역시 가격 · 품질 · 납기일의 측면에서 많은 불확실성이 존재한다. 해외직접투자는 이와 같은 시장거래를 기업내부의 거래로 내부화함으로써 시장거래비용을 줄이고 효율성을 높인다.

내부화이론(internalization theory)은 해외시장에 진출하려는 기업이 직접투자를 선택하는 이유를 설명하고 있다는 점에서 독점적 우위론의 한계를 극복하고 있다고 할 수 있다. 하지만 내부화이론은 직접투자를 라이센싱과 비교하여 설명하는 데 치중하고 있기 때문에 다른 해외시장 진출방법인 수출과의 비교문제에 대해서는 충분히 설명하고 있지 못하다.

3) 절충이론

영국의 경제학자인 Dunning은 해외직접투자가 이루어지려면 기업특유의 독점적 우위요소(ownership-specific advantages) 이외에도 내부화의 우위(internalization incentive advantages)와 입지특유의 우위(location-specific advantages)가 있어야 한다고 하였다. 다시 말해 해외직접투자가 이루어지려면 외국기업으로서의 불리함을 극복하고도 현지에서 경쟁해 나갈 수 있는 기업 특유의 독점적 우위가 있어야 함은 물론, 국내보다 외국이 생산입지상에서 우위에 있어야 하며, 또한 기업 특유의 독점적 우위를 외국기업에게 라이센싱해 주는 것보다 내부거래를 통해 이전하는 것이 유리해야 하는 내부화의 우위가 있어야 한다는 것이다. 이는 독점적 우위이론만으로는 수출이나 라이센싱에 대한 해외직접투자의 우위를 설명하기 어렵고, 내부화이론은 입지 특유의 우위에 대한 설명력이 약하기 때문이다. 이에 따라 Dunning은 수출 · 라이센싱 · 해외직접투자를 동시에 포괄하는 국제생산이론을 모색하였는데, 이것이 독점적 우위론과 내부화이론 및 입지이론을 포괄하고 있는 절충이론(eclectic theory)이다.

절충이론에 의하면 기업 특유의 독점적 우위를 외부시장에서 판매하는 것보다 내부화하는 것이 유리할 때 기업은 라이센싱 방식을 버리고 수출이나 해외직접투자를 택할 것이고, 자본 · 기술 · 경영기법 등을 해외로 이전하여 현지의 생산요소와 결합하는 것이 국내 생산보다 유리할 때, 즉 입지 특유의 우위가 있을 때 기업은 수출 대신 해외직접투자를 한다는 것이다.(조동성, 2001 : 387~388)

4) 제품수명주기이론

Vernon 등에 의해 발전된 제품수명주기이론(product life cycle theory)은 제품이 시장에 도입되어 없어지기까지 성장기 · 성숙기 · 쇠퇴기의 일정한 수명주기를 가지고 있으며, 이러한 수명주기가 국가 간에 시차를 두고 진행되기 때문에 그 과정에서 해외직접투자가 발생하여 선진국에서 개발도상국으로 생산기지가 옮겨 간다는 이론이다. 제품수명주기이론에 의하면 제품개발 초기에는 선진국에서 제품생산이 이루어지지만, 제품의 표준화가 개발도상국으로 생산기지가 옮겨 가고, 이에 따라 선진국에서 개발도상국으로 해외직접투자가 일어난다는 이론이다.

5) 과점적 경쟁이론

knickerbocker에 의해서 제기된 과점적 경쟁이론(oligopolistic reaction theory)은 과점산업에 속한 기업들은 한 기업이 해외시장에 진출하게 되면 다른 경쟁기업들도 경쟁적으로 해외직접투자를 행한다는 패턴을 설명한 이론이다. 과점적 경쟁이론에 의하면 이렇게 과점산업에 속한 기업들의 해외직접투자는 같은 시점에 집중하는 현상을 보인다고 하였다.

4 해외직접투자의 영향

해외직접투자는 본국과 현지국 모두에게 많은 영향을 미치게 된다.

1) 본국에 미치는 영향

(1) 자본의 이동 및 국제수지 효과

초기투자 및 추가투자자본은 국제수지상의 유출로, 배당금이나 라이센싱 로열티는 유입으로 나타난다. 한편 현지 생산 및 조립을 위한 장비 · 부품 · 원자재 등의 수출이 수반되는 경우, 그리고 해외에서의 적극적인 마케팅 및 서비스활동으로 모기업 관련제품의 수출이 증가할 경우,

본국의 국제수지는 플러스 효과를 얻게 된다. 그러나 기존의 국내생산 후 수출형태의 해외시장 공급방식이 현지생산 후 공급으로 전환됨에 따라 수출의 감소가 나타날 수 있으며, 국내 생산기지 이전으로서의 해외 진출은 완제품의 역수입으로 나타날 수도 있다.

(2) 고용효과

국내기업의 해외진출과 관련하여 본국의 입장에서 우려하는 사항 중의 하나가 생산시설의 이전에 따른 고용감소 효과이다. 특히 해외의 저렴한 노동력이 해외직접투자의 주요동기가 되는 노동집약적 산업의 경우 국내 고용감소 효과가 크게 나타날 수 있다. 하지만 해외생산에 따른 추가적인 수출증대가 이어질 경우 이에 따른 관련산업에서의 고용증가가 나타날 수 있다. 그렇기 때문에 해외직접투자로 인해 나타나는 본국의 고용효과는 해당산업이나 기업 내의 파급효과와 고용의 질적 구조의 변화 및 산업 간의 고용구조 등의 측면에서 종합적으로 판단해야 한다.

2) 현지국에 미치는 영향

(1) 자본의 이동 및 국제수지 효과

초기투자자본의 유입은 국제수지개선에 즉시 긍정적인 효과를 가져오게 된다. 해외직접투자가 현지국의 국제수지에 미치는 영향은 초기투자자본에 국한되지 않고 국내생산에 따른 수입대체 효과나 수출효과와 같이 무역관련 효과에도 긍정적으로 작용된다. 한편 원료나 부품의 수입 및 배당금이나 라이센싱 로열티 지급 등은 현지국의 국제수지에 부정적인 영향을 미치는 요인들이다.

(2) 고용의 창출

해외직접투자를 통한 외국기업의 국내진출은 현지국의 고용창출에 긍정적인 영향을 미치게 된다.

(3) 경제성장 기여

외국기업의 국내진출은 유휴생산자원의 활용, 국내 잠재시장의 창출, 수출시장의 개척 등을 통해 현지국의 경제성장에 긍정적으로 기여하게 된다.

(4) 기술이전

자체적인 기술개발이 불가능한 상황이거나 시간과 비용이 많이 소요될 수 있는 개발도상국과 후진국의 입장에서는 선진국 기업의 국내활동을 통해 기술을 이전받을 수 있는 기회를 갖게 된다. 기술이전 효과는 해당기술의 성격이 국내 경제발전 단계나 기술상황에 적합할 때 극대화될 수 있으며, 해당투자기업의 기술제공 의지나 태도에 크게 영향을 받는다.

3) 해외직접투자가 본국 및 현지국에 미치는 효과

(1) 투자국에 미치는 효과

가) 긍정적 효과

① 국제수지의 개선(장기적 관점)

② 국제경쟁력의 강화

③ 국제시장의 확보

④ 고용의 증대와 질의 개선

⑤ 생산요소의 확보 : 원재료 · 노동 · 기술 등

⑥ 경제 및 정치협력의 강화

⑦ 산업구조의 조정

나) 부정적 효과

① 국제수지의 악화(단기적 관점)

② 기술수출에 의한 국제경쟁력의 약화

③ 공장수출에 의한 국내고용의 감소

④ 이전가격의 조작에 의한 비시장경제의 조성

⑤ 국내기업에 비해 불공정한 혜택 향유

⑥ 소득분재의 불균형

⑦ 산업집중과 금융지배

⑧ 조세손실과 조세회피

⑨ 정부정책에 영향력 행사

⑩ 반경쟁효과

(2) 투자대상국에 미치는 효과

가) 긍정적 효과

(가) 경제적효과

① 자본형성

② 고용증대

③ 소득증대

④ 신제품 이용

⑤ 가격인하

⑥ 생산성 증대

⑦ 조세 증대

⑧ 경제성장 촉진

⑨ 시장개척(자국의 잠재시장 또는 수출시장)

⑩ 전후방산업에 사업기회 제공

⑪ 기술이전 및 자체기술능력 배양

⑫ 경쟁조성

⑬ 국제수지의 개선(단기적 관점)

(나) 사회적 효과

① 지역사회 개발

② 정적 사회에서 동적 사회로 전환

③ 수평적 · 수직적 이동 증진

④ 중간소득층의 확대

⑤ 경제성장에 대한 적극적 자세 확립

(다) 정치적 효과

① 건전한 투자여건에 대한 대외적 인지도 증대

② 투자기업의 보호를 위한 투자국의 군사적 개입

나) 부정적 효과

(가) 경제적 효과

① 국내기업의 발전 저해

② 경제발전의 불균형

③ 소득분배의 불균형

④ 외국자본에 의한 경제력 지배

⑤ 국제수지의 악화(장기적 관점)

⑥ 자체 연구개발 노력의 저하

(나) 사회적 효과

① 전통적 가치의 파괴

② 공해발생

(다) 정치적 효과

① 국내문제 간섭

② 주권의 침식

③ 민족주의와 충돌(조동성, 2001 : 420~421 재인용)

제3절 전략적 제휴 및 국제합작투자

전략적 제휴(strategic alliance)란 경쟁관계에 있는 기업이 일부 사업 또는 기능별 활동부문에서 경쟁기업과 일시적인 협조관계를 갖는 것이다. 전략적 제휴와 국제합작투자를 비교해 보면 국제합작투자(international joint venture)는 큰 틀에서 보면 전략적 제휴의 한 유형이라고 할 수 있다. 일반적으로 국제합작투자가 자본투자를 필요로 하고, 많은 기능분야에서 협조관계를 구축하는 것에 비하여 전략적 제휴는 자본투자 없이 사업의 일부분에서 일시적으로 협조관계를 갖는 형태를 의미한다. 전략적 제휴는 상당히 다양한 형태가 있으며 가장 단순하고 단기적인 성격이 강한 형태는 연구개발컨소시엄이나 기술제휴이다.

1 전략적 제휴의 유형

1) 국제기술제휴

기술제휴 또는 기술 라이센싱 형태는 한 기업이 다른 국가의 기업에게 생산기술을 공여하거나 자신의 기술을 기반으로 하여 신제품을 개발할 수 있는 권리를 부여하는 것을 의미한다.

기술분야에서의 전략적 제휴는 참여기업들이 각자 보유하고 있는 기술들을 상호 교환하거나 새로운 기술을 공동개발할 목적으로 일어난다. 기술제휴에서 공동연구개발이란 기업들이 기존에 보유하고 있는 기술들을 상호교환해서 이용하고, 인력과 자본 등 연구개발자원을 분담해 새로운 기술을 공동으로 개발하는 것을 의미한다. 공동연구개발은 두 기업 사이에서 추진하는 연구개발에서부터 다수의 기업들이 참여하는 컨소시엄(consortium) 형태에 이르기까지 다양하다. 공동연구개발의 예로는 세계항공기산업에서 잘 알려진 Airbus를 예로 들 수 있는데, Airbus는 영국 · 독일 · 프랑스 · 스페인 등의 기업들이 공동출자한 컨소시엄 형태의 기업이다.

2) 국제조달제휴

조달제휴에는 생산위탁 · 부품조달 · 외부소싱 등을 들 수 있다. 먼저 생산위탁은 구비품목을 다양화하기 위해 상대기업으로부터 자사에게 부족한 제품을 공급받는 형태의 제휴를 말한다. 부품조달은 2개 이상의 기업이 중간재를 포함하여 제품생산에 필요한 각종 부품을 상호 보완적으로 공급하는 것을 의미한다. 마지막으로 외부소싱은 단순외주가공을 통해 제품을 조달하는 것을 의미하는데, 제휴기업에게 모든 부품을 공급한 뒤 이를 단순히 조립 · 가공하여 제품을 완성하도록 한 다음 완성된 제품을 공급받는 형태를 말한다.

국제조달제휴가 일어나는 원인은 부품이나 제품을 장기간에 걸쳐 안정적으로 확보하기 위함인데, 특히 다국적기업들의 경우 최소의 운송비용으로 부품 및 제품을 원활하게 조달하는 일이 매우 중요하다고 할 수 있다.

3) 국제생산제휴

생산제휴는 비교우위의 경영자원을 상호공급하여 제품을 공동생산하는 방식인데, 대표적인 생산제휴방식으로는 공동생산, 주문자상표부착방식(OEM : Original Equipment Manufacturing), 세컨드 소싱(second sourcing) 등이 있다.

공동생산은 제휴에 참여한 기업들이 공동으로 특정제품을 만드는 것이며, 각 기업은 노동 · 자본 · 기술 등 생산요소 중 상대기업에 비해 우위에 있는 요소를 제공한다.

주문자상표부착방식(OEM)은 브랜드 이미지가 강한 기업과 생산능력은 있지만 브랜드 이미지가 약한 기업 간에 이루어지는 전략적 제휴이다.

세컨드 소싱은 기술력이 뛰어나 특정제품의 세계시장을 장악하고 있는 기업이 늘어나는 수요를 독자적으로 감당하기 어려운 경우, 타사에 기술을 제공하여 위탁생산함으로써 부족한 공급분을 충당하려 할 때 이용되는 제휴방식이다.

4) 국제판매제휴

판매제휴는 경로 · 노하우 등 제휴기업의 판매능력을 활용하여 상대시장에 보다 쉽게 접근하는 동시에 상대시장에서의 판매를 확대할 목적으로 이용되는 전략적 제휴이다. 판매제휴에는 일반적으로 공동브랜드 이용과 위탁판매 및 공동규격 설정 등이 있는데, 다른 분야에서의 제휴와 달리 특정지역에 대해 선택적으로 제휴활동이 이루어진다.

공동 브랜드 이용은 기업이 특정지역에 처음 진출할 때 주로 사용되는 제휴방식인데, 소비자들에 대한 이미지가 좋고 판매능력이 뛰어나 현지기업과 함께 현지인들에게 친숙한 느낌을 줄 수 있는 공동 브랜드를 만들어 이용함으로써 현지판매를 강화하는 방식이다.

위탁판매는 공동브랜드 이용과 달리 자사의 독자적 브랜드를 그대로 사용하면서 제휴기업의 유통망과 유통노하우를 활용하는 방식이다.

위탁기업은 수탁기업의 뛰어난 판매능력을 이용해 시장지배력을 강화하고, 수탁기업은 위탁기업으로부터 판매이익 중 일정분을 보장받는 한편, 제품의 구색을 갖춘다는 이점을 얻게 된다.

마지막으로 공동규격설정은 두 기업이 상대기업의 현지판매능력을 이용하여 상대시장에서의 판매활동을 강화하기 위해 추진하는 제휴방식을 말하며, 서로 공동의 상품규격을 설정하여 특정판매지역이나 제품에 대해 자유롭게 크로스 마케팅을 전개한다.

표 6-2 전략적 제휴의 유형과 특성

유형	목적	종류	특성
기술제휴	기술의 공동개발과 상호교환	공동기술개발, 기술도입 및 교환, 특허공유, 연구참여	기술력격차 해소 용이, 신기술 · 제품의 공동개발, 생산 · 판매제휴로 발전
조달제휴	범세계적 조달활동으로 비용절감 및 조달 원활화	생산위탁, 수탁, 부품조달, 단순외주가공	기업의 글로벌화와 연계
생산제휴	생산비 절감 및 자사 브랜드의 시장지배력 강화	공동생산, 생산위탁 · 수탁, OEM · 세컨드소싱	합작형태로 공동판매 단계로 발전
판매제휴	상대국 시장접근 및 판매강화	공동브랜드, 판매위탁, 공동규격 설정	판매지역 · 제품의 선택적 활용으로 교차마케팅

2 전략적 제휴의 동기

1) 자원과 위험의 공유

기업들은 전략적 제휴를 결정할 때 자사가 보유하지 못한 경영자원을 보유한 기업들과 전략적 제휴를 시도하려고 한다. 여러 연구결과들에 의하면 이렇게 서로 보유하지 못한 경영자원의 공유를 위한 상호보완적인 전략적 제휴가 그렇지 않은 경우에 비해서 상대적으로 성공확률이 높은 것으로 나타나고 있다. 또한 급속하게 진행되는 기술의 발전으로 인해서 기업에서 부담해야 할 연구개발(research and development) 비용이 증가하는 상황이다. 이러한 상황하에서 대규모 연구개발 및 생산시설에 대한 투자비용이 너무 막대하기 때문에 기업의 입장에서는 전략적 제휴를 고려하게 된다. 특히 고정투자비용이 많이 드는 자동차산업과 항공산업 및 생명공학 관련산업 등 첨단산업분야에서의 전략적 제휴가 활발하게 일어나고 있다.

2) 신제품 개발과 시장진입의 속도단축

기업들이 신제품을 개발하여 시장에 출시하기 위해서는 일정한 시간이 소요되는데, 경쟁기업이 미리 자사가 신제품을 시장에 출시하기 전에 먼저 시장을 선점하게 되면 경쟁우위를 갖기가 어려워진다. 특히 요즘과 같은 디지털경제를 기반으로 하루가 다르게 변화하는 시장환경하에서 이러한 현상은 더욱 두드러지게 나타난다. 특히 경쟁기업에 비해 더 빠르게 제품을 출시하는 기업일수록 이로 인해서 더 높은 수익을 보장받을 수 있고, 여러 가지 초기진입자(first mover' s advangage)의 우위를 누릴 수 있게 된다. 이렇게 경쟁기업들과의 경쟁에서 보다 빨리 신제품을 개발하고 시장에 진입하려면 이에 필요한 비교우위가 있는 경영자원이 필요한데, 이러한 경영자원을 모두 보유하고 있는 기업은 흔하지 않다. 또한 만약 어떤 기업이 이러한 모든 경영자원을 보유하고 있다고 하더라도 다른 기업과의 전략적 제휴를 통해서 시장진입시간을 단축할 수 있다.

3) 산업표준의 선택

여러 산업에서 전략적 제휴와 국제합작투자가 일어나는 이유 중 하나는 기술의 표준화를 위해서이다. 그 대표적인 사례로 VCR산업에서 SONY의 실패사례를 들 수 있다. VCR산업에서 일본의 SONY와 Matsushita가 산업표준화를 위해서 경쟁하였는데, SONY가 개발한 베타방식의 기술은 Matsushita의 자회사인 JVC가 개발한 VHS 기술에 비해서 품질면에서 더 우위에 있었지만, SONY는 자사의 베타방식을 다른 경쟁사들에게 라이센싱하는 것을 기피하였다. 한편 SONY에 비해 기술적인 열위에 있던 JVC는 VHS방식을 경쟁사들에게 자유롭게 라이센싱하였는데, 그 결과 호환성(compatibility)의 문제 등으로 인하여 VC산업에 있어서 SONY의 시장점유율은 감소하고, SONY는 베타방식을 포기하게 되었다. 위에서 언급된 SONY 사례에서 보듯이 전략적 제휴를 통하여 산업표준을 결정하는 것은 기술적 환경이 급변하는 산업에서 기업들에게 중요한 부분이 된다.

4) 기업의 유연성 확보

전략적 제휴를 통해서 기업의 유연성을 확보한다는 의미는 쇠퇴기에 있는 산업에 있어서 기업이 시장에서 철수하기보다 합작투자를 하여 기업을 운영하면서 다시 그 산업의 환경이 좋아지게 되면 계속해서 그 산업을 시장에서 유지할 수 있다는 의미이다.

3 전략적 제휴의 운영기법

* 파트너 선정

성공적인 전략적 제휴를 위해서 가장 중요한 것은 파트너 선정의 문제인데, De la sierra는 파트너 선정 시 고려해야 할 사항을 다음과 같이 강조하였다.

(1) 양립성

양립성(compatibility)이란 양기업의 전략과 기업문화 및 경영관리 시스템 측면에서 서로 모순되거나 이해가 상반되지 않는가 하는 점을 의미한다. 전략의 양립성을 검증하기 위해서는 파트너의 현존하는 제휴 네트워크를 살펴보아야 한다. 예를 들어 파트너가 자사의 경쟁기업과 밀접한 네트워크를 형성하고 있다면 기술이나 정보유출의 가능성이 있으므로 제휴가 끝나는 것을 가정하여 파트너 선정을 결정하여야 한다. 기업문화의 양립성에 있어서 국제합작투자나 전략적 제휴는 각 나라별로 문화적 차이가 있기 때문에 더더욱 고려해야 할 사항이 된다. 경영관리 시스템의 양립성 부분은 의사결정의 집권화와 분권화 및 배당정책 등 여러 가지 경영관리 시스템들이 갈등의 소지가 있기 때문에 신중하게 고려해야 한다.

(2) 능력

능력(capability)이란 전략적 제휴 시 파트너가 가지고 있는 경영자원과 핵심역량(core competencies)을 파악하는 것을 의미한다. 국제합작투자와 전략적 제휴에서 파트너의 능력과 핵심역량을 평가하는 것은 자사가 보유하고 있는 약점을 보완하고 강점을 강화하는 것이 중요하기 때문이다. 핵심역량의 관점에서 합작투자나 제휴를 보면 파트너끼리 각자 취약한 분야에 상대방이 핵심역량을 보유하고 있는 것이 바람직하다고 할 수 있다.

(3) 몰입도

몰입도(commitment)란 제휴 파트너가 얼마만큼 시간과 에너지 및 경영자원을 열심히 투입하는지를 의미한다. 아무리 제휴 파트너가 핵심역량과 경영자원을 보유하고 있고, 양기업의 경영관리 시스템과 기업문화가 경영자원을 보유하고 있고, 양기업의 경영관리 시스템과 기업문화가 양립성이 높더라도 제휴 파트너의 몰입도가 약하면 제휴의 성공가능성은 낮아진다. 이를 위해서는 먼저 제휴 파트너의 전략적 제휴가 핵심사업분야에서의 제휴인지 또는 주변사업분야에서의 제휴인지를 파악하는 것이 중요하다.

4 국제합작투자

다국적기업이 해외직접투자(foreign direct investment)를 통해 현지기업의 경영에 참여할 때 그 기업의 지분을 100% 소유하면 단독투자가 되고, 100% 미만을 소유하면 합작투자(joint venture)가 된다.

1) 합작투자기업의 유형

합작투자기업의 투자자본의 유무와 파트너의 대상 및 소유권의 정도에 따라서 분류할 수 있다.

첫째, 투자자본에 의한 분류는 계약형 합작투자기업과 소유형 합작투자기업으로 분류할 수 있다. 계약형 합작투자기업(contractual joint venture)은 투자국의 기업이 투자대상국 정부 또는 출자자에게 자본 · 장비 · 공업소유권 · 기술지원 · 노하우 등을 제공하고 그 대가로 생산 ·

판매 · 이윤 또는 기타 조건에 따라 로열티를 받는 형태이다. 소유형 합작투자기업(equity joint venture)은 둘 이상의 출자자가 기존 기업의 자본에 참여하는 경우도 있지만, 일반적으로 각 출자자가 자본의 일정 비율을 출자하여 새로운 기업을 설립한다.

둘째, 합자기업은 파트너의 대상에 따라서 제3국 기업체와의 합작투자기업, 투자대상국 사기업체와의 합작투자기업, 투자대상국 정부기관과의 합작투자기업으로 분류할 수 있다. 제3국 기업체와의 합작투자기업이란 투자국의 기업이 투자대상국 이외의 외국자본과 결합함으로써 합작투자의 형태를 이룬 기업을 말한다. 투자대상국 사기업체와의 합작투자기업이란 투자국기업이 투자대상국의 사기업체와 합작투자를 이룬 형태를 말한다. 투자대상국 정부기관과의 합작투자기업이란 투자국의 기업이 현지정부 또는 정부소유의 기업과 합작투자의 형태를 이룬 기업을 의미한다.

셋째, 합작투자기업은 소유권 정도에 따라 분류하는 방법인데, 일반적으로 의결권부 주식(voting stock)의 95% 이상 소유를 완전소유(complete ownership), 50% 이상 95% 미만 소유를 다수소유(majority owenership), 50% 미만 소유를 소수소유(minority ownership)로 정의할 수 있다.

2) 합작투자기업의 장점

합작투자기업은 다음과 같은 장점이 있다.

① 투자대상국이 특정산업이나 자산의 외국인 매입을 금지할 때, 외국기업의 입장에서는 합작투자형식을 취하여 목표를 달성할 수 있다.

② 투자대상국 파트너의 기존판매량과 거래상 관계를 추가적인 투자 없이 획득할 수 있다.

③ 현지 파트너를 통해서 기술과 경험을 겸비한 노동력을 활용할 수 있다.

3) 합작투자기업의 단점

투자국 기업의 입장에서 볼 때, 합작투자기업의 단점으로는 다음과 같은 것들이 있다.

① 완전소유에 의한 진출 시 이윤을 현지 파트너와 함께 나누어야 한다.

② 현지 파트너와의 갈등을 야기할 소지가 많다.

③ 현지에서 자본동원능력이 떨어질 수 있다.

제4절 해외인수 · 합병

1 인수 · 합병의 개념

합병(merger)이란 한 기업이 다른 기업을 흡수하여 한 개의 기업이 되는 것을 의미한다. 합병에는 흡수합병과 신설합병이 있다. 흡수합병은 한 기업이 다른 기업을 완전히 흡수하는 형태이고, 신설합병은 통합된 두 기업이 완전히 없어진 후 새로운 기업이 탄생하는 형태를 말한다. 인수(acquisition)는 피인수기업을 그대로 존속시키면서 경영권을 행사하는 방법을 말한다.

2 인수 · 합병의 동기

1) 시장진입시간의 단축

기업이 해외시장에 신설투자로 진입하려면 많은 시간과 비용이 소요된다. 하지만 인수 · 합병의 형태로 해외시장에 진출할 경우 그 기업은 피인수기업이 보유하고 있는 공장설비 · 브랜드 · 유통망 등을 단기간에 획득할 수 있다.

2) 경영자원의 획득

해외인수 · 합병을 하게 되면 현지의 유통망과 고객에게 접근하기가 용이하고, 현지국의 공개시장에서 얻기 어려운 무형의 자원획득이 가능하게 된다. 또한 기존의 경영자를 활용하는 경우 현지사업의 환경을 다루는 경험을 획득할 수 있다. 따라서 해외경영의 경험이 적은 기업이나 현지시장에 대한 정보가 부족한 경우에 인수 · 합병은 적절한 시장진입 방법이 될 수 있다.

3) 성숙산업에서의 시장진입

인수 · 합병은 산업 전반적으로 유휴시설이 많은 산업에서 선호되는 시장진입방식이다. 특히 생산시설이 포화상태에 있는 산업에 신규진출하고자 할 때, 공장을 새로 건설하여 산업 내에 과잉생산설비를 만들 필요가 없다. 또한 이와 같은 성숙산업에서는 높은 시장진입 장벽이 존재하기 때문에 인수 · 합병이 효과적인 진입방법이 될 수 있다.

4) 사업다각화 전략

다각화(diversification)란 기업이 다른 여러 산업에 참여하는 것을 의미하는데 이러한 신규산업진출도 인수 · 합병의 동기가 될 수 있다. 하지만 투자가가 전혀 경험이 없는 분야라면 실패위험이 증대될 수 있다.

3 인수 · 합병의 유형

1) 수직적 인수

수직적 인수(vertical acquisition)는 수직적 통합 형태로 이루어지는 인수를 말한다. 수직적 인수에는 후방통합형과 전방통합형이 있다. 후방통합(backward vertical integration)형 인수는 원자재나 주요부품을 공급하던 기업을 인수하는 것이며, 전방통합(forward vertical integration)형 인수는 고객이나 유통망을 인수하는 것을 말한다.

2) 수평적 인수

수평적 인수(horizontal acquisition)는 기존의 경쟁사를 인수하는 것을 의미한다.

3) 제품확장형 인수

제품확장형 인수(product extension acquisition)는 제품 라인이나 브랜드, 혹은 기술분야를 확대 · 보완하기 위한 인수를 의미한다. 다각화를 통한 성장전략의 일환으로 단기간에 제품다각화를 이룰 수 있는 장점이 있다.

4) 시장확장형 인수

시장확장형 인수(market extension acquisition)는 시장의 지리적 확대를 위해 특정시장에 기반을 두고 있는 기업을 인수하는 것을 말한다.

5) 복합형 인수

복합형 인수(conglomerate acquisition)는 전혀 다른 산업에 속한 기업을 인수하는 것을 말한다.

제 07 장

국제관광 마케팅

제1절 관광마케팅의 이해
제2절 국제마케팅의 이해

제7장 ⟩⟩⟩

국제관광마케팅

사례 나이키 신고 펩시 마시며 게스를 입고....

미국시장에 해마다 쏟아져 나오는 3천여 개의 신제품 브랜드 중에서 살아남는 것은 1%도 안 된다. 그나마 5천만 달러에서 많게는 1억 5천만 달러 이상을 투자해야 브랜드 알리기에 겨우 성공할 수 있다.

브랜드에 대한 이같은 아낌없는 투자는 '브랜드가 곧 자산' 이라는 확신 때문이다. 소비자들은 일등제품을 사는게 아니라 일등 브랜드를 사기 때문이다. 따라서 후발제품이 아무리 좋은 기술로 만들어졌어도 브랜드 순위는 어지간해선 바뀌지 않는다.

지난 1990년 똑같은 공장에서 만든 자동차를 미쓰비시는 '이클립스' 로 크라이슬러는 '레이져', '탈론' 이란 브랜드로 미국 내에서 판매한 결과 딜러수가 훨씬 적은 '이클립스' 가 가장 많이 팔렸다. '일본 차' 라는 브랜드 덕분이었다.

세계 최고로 꼽히는 코카콜라의 브랜드 가치는 무려 30조 원(4백 34억 달러)에 달하고 마이크로소프트, 코닥, IBM 등도 10조 원에 이르는 것으로 평가되고 있다.

이들 초인류 기업의 브랜드 전략은 몇 가지 공통점이 있다.

우선 기업의 경영목표가 뚜렷하다. 제너럴 일렉트릭(GE)은 1896년부터 이미 GE라는 명칭과 로고, '전기를 통한 보다 나은 삶' 이라는 슬로건을 만들어 지금까지 사용하고 있다. 프록터 앤드 갬블(P&G)은 1백 년 동안 사용해 온 '순수함' 이라는 컨셉트로 '순도 99.4%의 아이보리 비누' 를 부동의 베스트셀러로 팔고 있다.

자동차 회사 아우디는 '독일인의 장인정신이 배어 있는 승용차' , 베네통은 '다양한 인종들이 조화롭게 살아가는 하나의 세계' 라는 비전을 일관되게 제시하고 있다. 말보로 담배로 유명한 필립모리스는 카우보이, 부두 노동자, 트럭운전사 등 남성적 이미지가 강한 모델을 등장시켜 남성중심의 광고전략을 40여 년 동안 유지하고 있다.

브랜드 전략은 변덕스런 소비자의 심리를 정확히 읽어내야 성공할 수 있다. 1980년대 중반 일제차에 밀려 시장을 송두리째 내주다시피 했던 포드사는 먼저 광범위한 소비자 조사를 통해 타깃을 베이비붐 세대로 설정했다. 이들의 특성이 레저를 선호하고 가족 중심적이라는 점을 파악한 포드는 모델개발에 이런 점들은 반영하고 어떻게 '토러스' 를 즐길 것인가에 광고전략을 집중하는 등 치밀하고 일관된 전략을 수립한 끝에 베스트셀러 카였던 일제 혼다 '아코드' 를 물리칠 수 있었다.

브랜드의 가치는 그에 걸맞은 시각정보와 함께 전달됐을 때 극대화된다.

애플 컴퓨터의 '사과' , 맥도널드의 '황금색 아치' , KFC의 '콜로넬 샌더스 할아버지' , 벤츠의 '엠블렘' , 코카콜라의 빨간색 로고와 날씬한 병모양 등이 그것이다. 말보로를 연상하게 하는 빨간색 담뱃갑, 코닥의 노란색 등도 시각효과의 하나다. 또한 인텔의 '인텔 인사이드' 나 마이크로소프트 윈도우즈 95 호환제품에 부여되는 '창문로고' , IBM이 올해부터 협력업체에 의무화하고 있는 로고 등도 특정한 암시나 단어를 통해 브랜드 가치를 높이고 있다.

인텔이 지난 1991년 '인텔 인사이드' 전략을 실시한 후 18개월만에 브랜드 인지도가 46%에서 80%로 올라간 것은 시각정보가 얼마나 중요한지를 단적으로 입증하는 사례라고 할 수 있다.

이 밖에 브랜드 이름과 제품정보를 소리의 형태로 기업하도록 하는 것도 한

방법이다. 나이키의 '저스트 두 잇(Just do it, 지금 시작하십시오)', 코카콜라의 '코크 이즈 잇(Coke is it, 코카콜라 바로 그것뿐)' 등이 그 예이다.

광고는 브랜드 전략의 핵심이다. 광고의 선호도는 곧 브랜드에 대한 호감으로 이어지기 때문이다. 브랜드를 강조하는 광고를 반복 실시하되 재미있어야 하고, 브랜드의 특정요소가 잘 부각되도록 하는 것이 목표이다.

한국 IBM 김진협 이사는 "일관성을 지키기 위해 광고 형식도 헤드라인-사진-카피-로고 순으로 통일하고 헤드라인은 크게, 카피는 작게 하는 것을 기준으로 삼고 있다"고 설명했다. IBM의 전통적인 광고원칙은 '단순하고 간단한 것이 좋다(Less IS MORE)', 지난 1962년에 만든 로고를 지금까지 사용하고 있으며 전세계 광고도 오길비 & 매터 한 회사에 맡기고 있다.

금강기획 마케팅 연구소의 김주혼 선임연구원은 "이제 국내기업들도 브랜드 가치에 눈을 돌릴 시점이 됐다"고 주장하며 "수시로 품질, 가격, 인지도, 애호도 등 브랜드 가치를 구성하는 여러 요소를 측정해 어느 부문이 상대적으로 뒤떨어지는지를 파악하고 이를 보완하는 쪽으로 광고전략을 짜야 한다."고 밝혔다.

출처 : 조선일보, 1997.4.19.

제1절 관광마케팅의 이해

1 마케팅의 개념

현재 우리가 살아가고 있는 시대를 마케팅의 시대라고 할 만큼 모든 분야에 있어서 마케팅의 중요성은 점점 증가하고 있다.

우리의 일상생활에서도 감성마케팅, 귀족마케팅, 체험마케팅, 문화마케팅, 날씨마케팅 등 우리의 일상생활과 관련된 모든 분야에서 새로운 개념의 마케팅들이 생겨나고 있다.

* 마케팅의 정의

마케팅에 대한 정의는 1960년 미국마케팅협회(AMA : American Marketing Association)에서 처음 공식적으로 제기되었으며 여러 가지 환경의 변화와 학문적으로 마케팅이 발전하는 과정에서 마케팅에 대한 정의도 변화를 가져왔다. 현재 가장 일반적으로 사용되고 있는 마케팅에 대한 정의는 1985년 미국마케팅협회에서 발표한 아래와 같은 정의이다.

마케팅이란 개인과 조직의 목표를 만족시켜주는 교환을 창조하기 위하여 아이디어, 재화, 서비스에 대한 개념, 가격, 촉진, 유통을 계획하고 집행하는 과정이다(Marketing is the process of planning and executing the conception, pricing, promotion, and distribution of idea, goods, and services to create exchange that satisfy individual and organization objectives).

2 마케팅개념의 발전과정

마케팅개념의 발전과정은 생산개념, 제품개념, 판매개념, 마케팅개념, 사회적 마케팅개념의 다섯 단계의 발전과정을 보이고 있다.

1) 생산개념

제품의 공급이 수요에 비해 부족한 시장환경하에서는 제품은 만들기만 하면 판매가 된다거나 소비자들에게 저렴한 가격으로 원하는 만큼 구매할 수 있게 해주는 것이 마케팅의 중요한 기능 중 하나라고 생각하는 견해가 나타나게 된다.

이와 같이 소비자들의 수요와 욕구충족을 위해 생산성의 향상과 원가절감에 초점을 맞추어야 한다는 생산지향적인 마케팅 이념을 생산개념(production concept)이라고 한다. 이러한 상황하에서는 기업들이 우선적으로 생산을 증가시킬 수 있는 방법을 찾는데 주력하게 된다.

2) 제품개념

제품개념(product concept)은 소비자들이 우수한 품질의 제품을 선호할 것으로 보고 최고 품질의 제품생산에 주력하는 제품지향적 마케팅 이념을 의미한다.

제품개념에 입각한 기업의 시장활동은 기본적으로 잘 만들어진 우수한 제품은 소비자들의 만족도가 상당히 높을 것이라는 가정하에 이루어지며, 그렇기 때문에 이러한 기업의 마케팅활동은 기업의 연구개발부서에서 제품을 개발하고 생산부서에서 생산된 제품을 시장에 판매만 하는 것이다.

3) 판매개념

판매개념(selling concept)이란 판매기능을 가장 중요시하는 기업의 이념으로 이러한 기업은 어떤 제품이든 충분한 판매노력을 기울이면 판매량을 늘릴 수 있고, 소비자들은 기업이 많은 판매와 촉진활동을 하지 않으면 많은 구매를 하지 않는다고 가정한다. 따라서 판매개념을 중요시하는 기업들은 판매와 촉진활동에 초점을 맞추게 되는데 이 개념이 주장하는 근거는 소비자들에게 판매 및 촉진활동을 하지 않으면 제품의 존재를 알지 못하며 많이 구입하지 않는다는 것이다. 이와 같이 소비자 중심이 아닌 판매자 중심의 시장개념에 따라 활동하는 기업은 판매 자체가 목적이기 때문에 소비자의 구매 후 만족 여부에는 관심을 가지는 것이 어렵다.

4) 마케팅개념

마케팅개념(marketing concept)은 판매개념 다음에 나타난 개념으로서 기업의 목표달성 여부는 시장에 있는 소비자의 욕구를 파악하고 이들에게 만족을 전달해 주는 활동을 얼마나 경쟁자보다 효율적으로 수행할 수 있느냐에 달렸다고 보는 이념을 의미한다.

판매개념과 마케팅개념의 차이점은 판매개념은 판매자의 욕구에 초점이 맞추어져 있지만 마케팅개념은 구매자의 필요와 욕구에 초점을 맞춘다는 점이다. 다시 말하면, 판매지향적 기업은 제품을 현금으로 바꾸려는 판매자의 욕구에 초점이 맞추어져 있는 반면, 마케팅 개념에 입각한 기업은 제품의 생산, 유통, 소비와 관련된 모든 활동에 있어서 소비자의 필요와 욕구를 만족시키는데 초점을 두고 있다는 것이다.

또한, 마케팅 개념은 제품생산에서부터 유통, 판매 후 관리까지 통합적 마케팅을 통해 소비자들의 필요와 욕구를 최대한 충족시키는 것을 마케팅 활동에 있어서 가장 중요한 과제로 본다.

5) 사회적 마케팅개념

사회적 마케팅개념(societal marketing concept)은 소비자들의 단기적인 욕구와 만족을 충족시키는 것도 중요하지만 사회 전체적인 이익과 복지의 증진도 매우 중요하다고 보는 마케팅이념을 의미한다. 최근 기업들은 기업을 둘러싸고 있는 여러 가지 환경의 변화들로 인하여 마케팅활동의 의사결정 시 사회의 관심사를 함께 고려해야 할 필요가 있게 되었는데, 이렇게 사회적 마케팅개념에 입각한 기업은 기업의 이윤추구, 소비자의 필요 및 욕구충족과 더불어 사회전체의 이익과 복지도 조화롭게 고려해야 할 것이다. 최근 자연환경 문제를 고려해서 공해를 줄이는 제품생산과 기업의 공해방지시설 설치 등을 강조하는 그린마케팅(green marketing) 등도 사회적 마케팅개념의 한 예라고 할 수 있다.

3 마케팅 믹스

마케팅 믹스(marketing mix)란 마케팅 프로그램과 전략개발을 위해 사용할 수 있는 통제가능한 마케팅 도구들의 집합을 말하며, 마케팅 믹스의 결과로 얻어진 최종의사결정의 내용을 마케팅 프로그램(marketing program)이라고 한다.

고객의 욕구를 충족시켜주는 교환을 창출하기 위해서는 마케팅전략을 수립하고 그에 따라 마케팅활동을 수행해야 하는데, 마케팅 전략의 핵심은 표적시장을 선정하고 그 시장의 고객욕구를 충족시키는 마케팅 믹스를 개발하는 것이다. 마케팅 믹스는 제품(product), 가격(price), 유통(place), 촉진(promotion) 등 네 가지 요소로 구성되어지며 모두 영어 알파벳 'P' 로 시작되기 때문에 4P' s라고도 한다.

마케팅 믹스의 구성요소들 상호 간에는 서로 영향을 미치게 되며 이들 4개의 요소를 어떻게 조합하느냐에 따라서 마케팅 성과는 많은 차이를 나타낼 수 있다.

1) 제품

제품(product)은 교환을 위해 시장에 제공되는 제품, 서비스, 아이디어, 장소 등 교환제공물로서 품질, 기능, 디자인, 브랜드 등 제품의 구성요소들이 마케팅 믹스 전략의 도구로 사용된다.

2) 가격

가격(price)은 제품의 거래조건을 구성하는 것으로서 제품과 서비스의 효용 및 가치를 금액으로 표시한 것이라고 할 수 있다.

3) 유통

유통이란 생산된 제품이나 서비스를 소비자에게 이전하는 과정을 의미하며, 유통경로(channel of distribution)란 제품이나 서비스를 생산자로부터 소비자에게 이전되어 가는 과정에 거치게 되는 경로를 의미하는 것으로, 이 과정에 참여하는 모든 개인 및 조직의 집합체로 구성되어진다.

유통(place)은 유통기관, 유통경로, 유통방식 등이 전략수단으로 사용된다.

4) 촉진

촉진(promotion)은 소비자와 커뮤니케이션을 하기 위해 사용하는 수단들인 광고, 판매촉진, 인적판매, 홍보 등이 마케팅 믹스 전략의 수단으로 작용된다.

4 시장분석

일반적으로 시장분석을 실시하게 되는 목적 중 하나는 현재의 경쟁자 및 잠재적 진입자가 특정산업에 대해 느끼는 매력도를 측정하는 것인데, 시장분석은 아래 표와 같은 요소들로 구성되며 특정시장에 참가한 기업의 장기적 투자수익률로 측정될 수 있는 시장의 이익 잠재력이 바로 시장의 매력도를 의미한다.

1) 시장규모

시장규모는 자사제품의 판매가 얼마나 될 수 있을 것인가를 결정짓는 가장 기본적인 요소로, 일반적으로 큰 규모의 시장은 작은 규모의 시장에 비해 더 많은 이윤창출의 기회를 제공하기 때문에 그만큼 시장에 대한 매력도가 높다고 할 수 있다. 그러나 큰 규모의 매력도를 지닌 시장일수록 그만큼 더 경쟁이 치열하게 된다.

2) 시장성장률

시장성장률이 높은 시장은 잠재적으로 기업들이 이윤 창출의 기회가 더 많기 때문에 매력적으로 느끼지만 많은 기업의 시장진입으로 인하여 그만큼 경쟁은 더욱 치열하게 된다.

3) 제품수명주기 단계

일반적으로 제품수명주기(product life cycle)는 도입기, 성장기, 성숙기, 쇠퇴기로 나누어지는데 도입기는 초기단계로서 판매가 낮은 속도로 증가하는 단계이며, 성장기는 제품의 판매가 급속히 증가하는 단계이며, 성숙기는 제품의 판매증가가 둔화되지만 판매가 최고조에 달하며, 쇠퇴기에는 판매가 감소하는 시기이다. 일반적으로 기업들에게는 성장기에 해당하는 시장이 매력적이지만 반드시 그렇지만은 않다고 할 수 있다.

그러므로 각 제품수명주기의 단계별로 시장의 매력도가 고정되어진 것은 아니며, 같은 단계에 있는 시장이라도 그 세부상황과 기업의 사정에 따라 매력도는 달라질 수 있기 때문에 각 기업은 현재 시장이 제품수명주기상에 속한 단계와 현재 자사가 보유한 기술 및 제품의 특징을 함께 고려하여 시장의 매력도를 평가해야 한다.

4) 수익성

수익성(profitability)은 시장마다 차이가 있는데 시장에 따른 수익성의 차이는 그 산업의 생산방식이 노동집약적인지, 자본집약적인지, 경쟁

강도, 제조기술 등에 의해서 유발된다. 위의 요소들을 평가해서 수익성이 높은 시장은 매력도가 높은 시장이라고 할 수 있다.

5) 판매의 주기성

관광시장의 경우 성수기와 비수기가 뚜렷하게 구별되어 매출액이 규칙적인 주기를 보이면서 오르락내리락 하게 된다. 이렇게 판매의 주기성이 다른 산업보다 높은 시장은 일반적으로 다른 산업에 비해 매력도가 떨어지게 된다. 물론 기업은 이러한 시장의 주기성을 먼저 파악한 후 자사의 능력이 환경과 맞는지 평가해 보아야 한다.

5 자사분석

1) 자사분석 내용

(1) 성과분석

일반적으로 자사분석은 성과분석을 기초로 하게 되며 이러한 분석을 통해서 기존에 사용하고 있는 전략을 검토하고 전략의 수정여부를 결정하게 된다. 성과분석은 기업의 장기적 혹은 단기적 사업목표를 고려해서 분석되어야 하며 그 목표에 따라서 성과측정의 해석이 달라져야 한다.

(2) 원가분석

기업이 시장에서 경쟁우위를 확보하는데 가장 중요한 요인 중 하나가 원가상의 우위를 확보하는 것이기 때문에 자사분석에 있어서 원가분석을 하는 것은 매우 중요하다.

원가분석에는 현재의 원가구조와 원가수준을 파악하고, 미래의 원가구조와 원가수준 파악, 경쟁자가 비교한 현재 및 미래의 원가우위 지속여부 등을 파악하는 것이 포함된다.

(3) 강점과 약점

자사의 강점과 약점을 분석할 때 주요 경쟁자를 비교대상으로 하여 시장전략을 위한 자사의 강점과 약점이 평가되고 분석될 수 있다. 이러한 기업의 강점과 약점에 대한 분석은 현재는 물론 앞으로 다가올 미래의 상황까지도 분석되어져야 하며 현실적으로 마케팅, 재무, 인사, 생산 등의 경영기능을 중심으로 접근하는 것이 효과적이다.

(4) 기업 내부능력의 분석

기업은 원활한 마케팅활동의 수행을 위해 기업내부의 생산, 인사, 연구개발, 관리 등 많은 다른 부서들과 긴밀한 관계를 유지해야 한다. 이와 같이 마케팅활동은 독립적인 기능이 아니라 기업 내의 다양한 부서들의 의사결정에 영향을 미치기 때문에 기업 내 여러 부서의 내부능력을 분석하는 것이 중요하다.

(5) 과거와 현재의 전략

기업의 강점과 약점을 결정하기 위해서는 과거와 현재의 전략을 검토해야 하는데 기업의 기본전략이 무엇인지를 이해하게 되면 조직의 강점과 약점이 무엇인지를 제대로 이해하는데 도움이 될 수 있다.

2) SWOT 분석

전략수립은 기회를 활용하고 위협을 회피하거나 새로운 기회로 변화시키기 위한 것이며, 환경변화에 따라 기회와 위협이 교차한다면 바람직한 전략대안을 어떻게 선택할 것인가 하는 문제가 제기되는데, 이러한 문제해결을 위하여 조직능력의 관점에서 일정시점의 주요 환경요인을 기회와 위협으로 분류하고 이들을 전략적 관점에서 자사의 강 · 약점과 결합시켜 효과적인 전략을 수립하는 과정이 SWOT분석이다.

다시 말하면 SWOT 분석은 강점(Strengths), 약점(Weaknesses), 기회(Opportunities), 위협(Threats)의 매트릭스를 통해서 바람직한 전략을 수립하는 과정을 의미한다.

여기서 강점과 약점은 내부적 요인이므로 통제가 가능하지만 기회와 위협은 외부적 요인이므로 통제가 불가능하다.

6 내부마케팅

1) 내부마케팅의 정의

기업들은 두 종류의 고객들을 소유하고 있는데 한 가지는 외부고객이고, 다른 한가지는 기업의 내부고객인 종업원들이다. 한 마디로 내부마케팅을 정의하면 종업원을 최초로 고객으로 보고 그들에게 서비스 마인드나 고객지향적 사고를 심어주며, 더 좋은 성과를 낼 수 있도록 동기부여하는 활동이라고 정의할 수 있다(이유재, 2004 : 292).

한편 Berry는 내부마케팅은 외부고객에게 서비스를 제공하는 사람들이 최고의 사람들로 고용되고 유지되며, 또 그들이 가능한 한 최선의 일을 할 수 있도록 마케팅을 실천하는 철학적 적용이라고 하였다(Berry, 1984 : 271~278). 외부고객만족을 위해서는 좋은 제품이나 서비스가 필요하듯이 내부고객을 만족시키기 위해서도 좋은 제품과 서비스가 필요하다.

내부고객을 만족시키기 위한 좋은 제품이나 서비스란 종업원에게 동기를 부여시키는 작업환경 · 관리방법 · 인사정책 등을 의미한다.

2) 내부마케팅의 목적

내부마케팅(internal marketing)은 내부고객인 종업원들에게 동기를 부여시키는 것에 초점을 맞추고 있다. 기업이 내부고객인 종업원들의 욕구를 만족시키는 것이 곧 외부고객의 욕구를 만족시키는 것이라고 가정하는 것이다. 성공적인 내부마케팅을 위해서는 종업원의 역할과 중요성을 인식하고 좋은 내부마케팅의 상품개발도 중요하다.

3) 효율적인 인적자원관리

(1) 채용

기업이 우수한 종업원을 채용하는 것은 매우 중요한 일이다. 특히 서비스기업은 서비스능력(service competencies)뿐만 아니라 서비스성향(service inclination)을 고려해야 한다. 서비스능력이란 기술이나 지식 또는 신체적 조건이나 학위 등을 의미하지만, 서비스성향이란 가치관 · 태도 등을 의미하는 것으로서 남을 기꺼이 도우려는 성향과 사려깊음 및 사교성 등이 이에 속한다.

(2) 교육과 훈련

내부마케팅에 있어서 가장 중요한 부분 중 하나는 종업원들의 교육과 훈련이다. 고객중심의 종업원을 양성하기 위해서는 종업원들의 사고와 기능을 개발하는 교육훈련이 필요하며, 이는 크게 세 가지 형태의 훈련으로 나눌 수 있다(이유재, 2004 : 397~407 ; 신혜숙, 2004 : 227~228 재인용).

첫째, 서비스전략이 어떻게 작용하는가, 다른 종사원 및 부서와 고객과의 관계에 있어서 자신의 역할은 무엇인가에 대한 전체적인 이해를 제공한다.

둘째, 서비스전략과 마케팅지향적 성과에 대한 호의적 태도를 개발하고 향상시킨다.

셋째, 종사원들의 커뮤니케이션과 판매 및 서비스기술을 개발시키고 향상시킨다.

(3) 임파워먼트

임파워먼트(impowerment)는 종업원에게 상황에 따른 의사결정권한을 부여하는 것을 의미한다. 고객의 만족을 위해서는 종업원에게 상황에 따른 의사결정권한을 부여하는 것이 필요하다. 이러한 임파워먼트를 통해서 고객만족을 증대시킬 수 있으며, 내부 마케팅 측면에서는 종업원들의 직무만족을 가져올 수 있다.

7 시장세분화, 표적시장, 포지셔닝

1) 관광시장세분화

(1) 시장세분화의 개념

시장세분화(market segmentation)란 전체시장을 공통적인 특성을 가진 구매자들끼리 그룹으로 나누는 과정을 의미한다. 또한 이렇게 나누어진 동질적인 부분시장을 세분시장(market segment)이라고 하며, 이러한 세분시장 중 마케터들이 구체적인 마케팅 믹스(marketing mix)를 개발하여 초점을 맞추고 있는 시장을 표적시장(target market)이라고 한다. 표적 마케팅(target marketing)은 이러한 표적시장에 대해서 마케팅활동을 펴는 것을 의미한다.

(2) 시장세분화의 이점

시장세분화는 인구증가가 둔화되고 보다 많은 제품들이 성숙기에 접어들면서 기업들이 시장점유율 획득과 브랜드 확장 · 확대 등을 통해 성장을 추구하기 때문에 시장에서 경쟁이 점점 치열해지면서 더욱 중요성이 증대하고 있다. 또한 고객들의 욕구와 취향의 다양화도 시장세분화의 중요성을 증가시키는 한 요인으로 작용하고 있다.

시장세분화는 다음과 같은 이점이 있다.

① 시장기회를 보다 쉽게 찾아낼 수 있다. 각각의 세분시장의 욕구와 이들을 대상으로 하는 상품들을 살펴보면 충족되지 못한 고객의 욕구를 찾아낼 수 있는데 이것이 바로 시장기회이다. 이러한 시장기회를 이용하여 그 세분시장에 적합한 상품을 개발할 수 있게 된다.

② 마케팅 믹스를 보다 효과적으로 조합할 수 있다. 세분시장의 특정 요구에 초점을 맞춰 제품 · 가격 · 유통경로 · 촉진 등의 마케팅 믹스 요인들을 일관성있게 조화시켜 고객들이 제품을 명확하게 이해하고 인식할 수 있게 하고, 경쟁제품과도 차별화시킬 수 있게 된다.

③ 시장수요의 변화에 신속하게 대처할 수 있다. 세부시장은 전체시장보다 규모가 작기 때문에 기업은 수요의 변화를 쉽게 파악할 수 있고, 세분시장의 수요변화에 대해서도 신속하게 대응할 수 있게 된다.

(3) 시장세분화의 요건

시장세분화를 하는 목적 중 가장 중요한 것이 마케팅 믹스를 효과적으로 활용하려는 것이다. 이러한 목적을 달성하기 위해서는 가장 적절한 방법으로 시장세분화를 해야 하는데, 이를 위해서는 각각의 세분시장이 다음과 같은 요건을 갖추어야 한다.

가) 측정가능성

시장세분화 변수들 중에는 측정하기 어려운 변수들도 있는데, 측정가능성(measurability)이란 세분시장의 규모와 구매력(purchasing power)을 측정할 수 있는 정도를 의미한다.

나) 세분시장 내의 동질성

세분시장 내의 동질성(homogeneous-within)이란 각 세분시장 내의 소비자들이 시장세분화를 위한 변수의 측면에서 가능하면 서로 비슷하여야 한다는 것을 의미한다. 예를 들면, 우리나라 자동차시장을 소득수준과 가족수를 기준으로 세분화한다고 하였을 때, 각 세분시장 내 소비자들의 소득기준과 가족수가 서로 유사해야 한다는 것이다.

다) 세분시장 간의 이질성

세분시장 간의 이질성(heterogeneous-between)이란 시장세분화가 효과적으로 이루어지기 위해서는 각 세분시장 간 소비자들의 특성이 서로 달라야 하는데, 이것을 세분시장 간의 이질성이라 한다.

라) 규모

어느 한 세분시장을 표적시장으로 삼아서 마케팅 믹스를 제공하는 데에는 상당한 비용이 투입되기 때문에 적어도 하나의 세분시장의 규모(size)가 독자적인 마케팅 프로그램을 시도할만한 크기가 되어야 한다.

마) 접근가능성

접근가능성(accessibility)이란 세분시장에 접근할 수 있고 그 시장에서 활동할 수 있는 정도를 의미한다. 충분한 규모의 세분시장이 존재하더라도 세분시장을 연결해 줄 매개체가 없으면 시장세분화는 성공하기 힘들다.

(4) 시장세분화의 기준

시장세분화는 효과적인 마케팅 믹스를 위해서 이질적인 전체시장을 동질적인 세분시장으로 나누는 것으로, 전체시장을 세분시장으로 나누는 기준이 되는 변수를 시장세분화변수(market segmentation variables)라고 한다. 일반적으로 사용되는 시장세분화변수는 지리적 변수, 인구통계적 변수, 심리적 변수, 행동분석적 변수 등이 있다.

가) 지리적 변수

지리적 변수(geographic variables)는 시장을 국가 · 도 · 시 · 군 등의 지역, 도시와 시골, 기후 등에 의해서 세분화하는 변수이다.

나) 인구통계적 변수

인구통계적 변수(demographic variables)는 연령 · 성별 · 소득 · 학력 · 직업 · 종교 및 결혼 여부 등의 인구통계적 변수를 기준으로 시장을 세분화하는 변수이다. 인구통계적 변수는 고객의 욕구 및 구매행동과 밀접하게 관련되어 있는 경우가 많으며, 다른 변수들에 비하여 측정이 비교적 쉽기 때문에 가장 많이 사용되는 변수라고 할 수 있다.

다) 심리적 변수

심리적 변수(psychographic variables)는 사회계층 · 라이프스타일 · 개성 등으로 시장을 세분화하는 것이다. 사회계층(social class)은 비슷한 수준의 사회적 지위와 경제력을 지닌 사람들의 집합으로 같은 계층구성원들끼리는 가치관 · 사고방식 · 행동 · 태도의 면에서 많은 공통점을 가지고 있다. 심리적 변수 중 가장 대표적인 것이 라이프스타일(life style)인데, 주로 사람들의 활동(activity), 관심(interest), 의견(opinion)을 기준으로 집단을 분류하는데, 영문표기의 머릿글자를 따서 AIO분석이라고도 한다.

개성(personality)은 개인의 내적 · 외적 기질을 말하는 것으로 Horney는 사람의 주요한 개성을 순응형 · 공격형 · 고립형으로 분류하였다. 심리적 변수에 의한 세분화는 시장을 보다 효과적으로 세분화할 수 있게 해주고 많은 정보를 제공해주지만 몇 가지 한계점을 지니고 있다.

먼저 지리적 변수나 인구통계적 변수는 비교적 개념이 분명하지만 심리적 변수는 정확한 측정이 어려운 점이 있다. 또한 심리적 변수와 고객 욕구 사이에 상관관계가 모호한 경우가 많으며, 세분화의 기준이 추상적일 경우에는 세분화에 대한 효과적인 접근매체가 없어서 어려움이 있다.

라) 행동분석적 변수

위에서 언급된 지리적 · 인구통계적 · 심리적 변수들은 모두 고객의 특징에 초점을 맞춘 분석방법이었다. 그러나 행동분석적 변수(behavioral variables)는 소비자와 상품과의 관계에 초점을 두는 세분화의 기준이다. 세분화의 기준으로는 소비자가 상품에 대해 나타내는 반응을 토대로 추구하는 편익 · 사용량 · 상표충성도 등이 있다.

(5) 관광산업의 시장세분화

관광시장은 다양한 관광객의 욕구로 인해 다수의 이질적인 시장으로 구성되어 있다고 볼 수 있다. 관광시장은 인구통계적 · 사회경제적 기분, 심리적 기준, 지리학적 기준, 여행목적기준, 유통경로기준, 행동기준, 편익기준, 구매계기기준 등 8가지로 세분화할 수 있다.

가) 인구통계적 · 사회경제적 세분화

이 기준은 통계자료의 수집과 매체 및 조사를 통한 각종 정보의 비교와 적용, 자료의 해석과 응용의 용이성으로 인해 현재까지 시장세분화의 기준으로 가장 많이 활용되고 있다. 일반적으로 연령과 수익은 레크레이션 참여의 주요변수임은 부정할 수 없으나 시장을 세분화할 때 이러한 변수들만으로는 세분시장에 속한 구성원들이 유사한 선호를 가지고 있다고 보기 힘들기 때문에 불완전한 점이 많이 있다.

나) 심리적 세분화

관광객은 여행상품의 구매 시에 그 선택기준이 이상적이거나 경험적 가치보다는 준거집단의 형태를 모방하거나 답습하려는 성향이 많으며, 타인을 의식하고 타인과의 경쟁심리가 많이 작용되므로 심리적 세분화 방법이 최근에 주목받고 있다. 심리적 세분화는 실행상 어려움이 많고 비용이 많이 드는 단점에도 불구하고 기존의 분석방법에 의해 획득된 정보를 보완하여 활용되면 고도로 전문화되고 광범위하게 개발된 관광시장에서 많은 효과를 거둘 수 있을 것이다.

다) 지리적 세분화

지리적 세분화는 세분시장의 경계가 명확하다는 장점이 있지만, 통신과 교통수단이 발달한 요즘에는 지리적 세분화가 동질성을 가지고 있다고 기대하기 어렵다. 하지만 이와 같은 이유에도 불구하고 지리적 세분화를 고려하는 이유는 대부분의 매력적인 관광목적지는 대조적인 기후와 경관미 등에 의존하고 있는 것이 현실이고, 이것은 관광객송출지와 관광목적지간의 거리를 의미하기 때문이다. 또한 지리적 세분화는 목표시장에 접근하기 위한 수단을 제시해 주고, 잠재고객이 소재하고 있는 곳을 알게 해 줌과 동시에, 이들과 커뮤니케이션을 가능하게 해줄 방안을 제시해주기 때문이다.

라) 여행목적별 세분화

여행목적별 세분화는 관광시장을 비즈니스 여행시장과 관광목적 여행시장으로 세분화하고 있다. 예를 들면, 싱가포르에 위치한 호텔들은 관광시장을 단체시장과 개인시장으로 나누고, 다시 단체시장은 그룹투어 · 국제회의 · 항공사승무원 등으로 분류하고, 개인시장은 개인여행객과 빈번한 여행객(frequent traveler) 등으로 세분화하고 있다.

마) 행동적 세분화

행동적 세분화는 실제의 관광상품이나 여행상품 속성에 대해 여행객이 지닌 지식 · 태도 · 용도 및 반응, 이용률, 추구편익, 구매계기, 여행객의 지위, 상표집착도 등을 기준으로 해서 세분화하는 것이다.

바) 편익 세분화

편익 세분화는 관광상품을 구매한 후 여행객이 느끼는 효익에 대한 상대적인 중요성을 기초로 해서 시장을 세분화하는 방법이다. 편익 세분화를 실시할 때는 여행객들이 관광상품계층에서 얻으려는 주요 혜택이 무엇이고, 각 혜택을 찾는 여행객들의 유형은 어떠하며, 각 혜택을 줄 수 있는 상품은 무엇인지 결정해야 한다.

사) 구매계기의 세분화

구매계기의 세분화는 관광기업의 서비스를 구매하는 경우 구매계기에 따라 관광객을 세분화하는 것이다. 예를 들면, 여행객을 업무 · 휴가 · 가족여행 등으로 구분하는 경우인데, 이러한 구매계기의 세분화를 통해서 여행사는 전문적인 상품개발이 가능하게 된다.

2) 관광표적시장

(1) 표적시장 선정

시장세분화는 표적시장 선정을 위한 준비단계인데, 시장세분화를 통해 나누어진 세분시장 중에서도 구체적인 마케팅 믹스(marketing mix)를 개발하여 대상으로 삼으려는 세분시장을 표적시장(target market)이라 한다. 기업이 여러 개의 세분시장 중 표적시장을 선정할 때 고려해야 할 요인은 세분시장의 전반적인 매력성과 기업의 목표 및 보유하고 있는 자원과 능력이다. 전반적인 시장의 매력성이란 세분시장의 규모 · 성장성 · 수익성 · 경쟁정도 · 위험도 · 규모경제 등을 분석한 것이다. 또한 표적시장을 선정할 때에는 기업의 목표와 일치하는지와 이를 위해 기업이 보유하고 있는 자원과 능력을 고려해야 한다.

3) 관광포지셔닝

(1) 포지셔닝의 개념

Al Ries와 Jack Trout(1972)가 고객의 마음에 자리잡기 위한 광고나 촉진노력의 중요성을 설명하기 위해 도입한 포지셔닝(positioning)이란 용어는 시장 내 고객들의 마음에 위치잡기라는 의미를 갖는다. 시장에서 기업의 포지셔닝 전략은 시장세분화를 기초로 정해진 표적시장 내 고객들의 마음에 시장분석, 고객분석, 경쟁분석 등을 기초로 하여 얻은 전략적 위치를 계획한다는 의미를 갖는다. 즉 시장에서의 차별적 위치를 차지하여 고객욕구를 충족시키는 서비스를 표적시장에 제공하는 것이다(이유재, 2004 : 72).

(2) 포지셔닝 전략

기업은 다양한 방법으로 제품이나 서비스를 포지셔닝시킬 수 있다. 포지셔닝의 유형을 살펴보면, 소비자 포지셔닝과 경쟁적 포지셔닝을 구분할 수 있다. 소비자 포지셔닝은 소비자에 관심을 두고 기업의 제품이나 서비스를 소비자 마음속에 자리매김하는 것이다.

소비자 포지셔닝은 속성, 이미지, 사용상황 및 사용목적, 제품사용자에 의한 포지셔닝이 있다. 속성에 의한 포지셔닝은 제품의 속성 및 고객의 혜택과 관련하여 포지셔닝하는 방법으로 예를 들면, 볼보 자동차 같은 경우는 튼튼하고 안전한 차로 소비자들에게 포지셔닝되어 있다.

이미지 포지셔닝은 말 그대로 이미지를 포지셔닝하는 것으로 의류 · 보석 등에 많이 사용된다. 사용상황 혹은 사용목적에 의한 포지셔닝의 예로는 이온음료를 들 수 있는데, 이온음료는 운동 후 빠른 갈증해소로 포지셔닝되어 있다. 제품사용자에 의한 포지셔닝은 특정한 개인이나 집단에 초점을 맞추어 포지셔닝하는 것을 의미한다.

4) 지각도

지각도(positioning map)란 여러 가지 평가할 수 있는 차원에 따라 제품이나 브랜드의 위치를 나타내는 것이다. 즉 지각도는 제품의 심리적인 포지셔닝을 위한 하나의 강력한 도구로 사용되는 기법으로, 소비자가 제품 · 브랜드 등에 대한 신념과 선호도를 형성하는데 고려하는 여러 가지 제품속성을 2~3개의 차원으로 압축하여 차원들 사이의 제품지각공간을 형성한 다음, 제품들의 전반적인 유사성이나 선호도에 대한 소비자 조사를 근거로 각 제품 브랜드 등을 기하학적인 거리로 환산하여 공간상에 표시하는 것이다.

8 제품전략

1) 제품의 이해

(1) 제품의 개념

제품(product)이란 소비자의 필요(needs)와 욕구(wants)를 충족시켜 줄 수 있는 모든 것을 의미하는 것으로, 유형적인 제품, 무형적인 서비스, 사람, 관광지와 같은 장소 등을 모두 포함한다. 제품이 소비자의 욕구를 충족시켜 줄 수 있는 것은 그 제품이 지니고 있는 속성(attribute) 때문인데, 이러한 제품의 속성들은 핵심제품(core product), 유형제품(tangible product), 확장제품(augmented product)의 세 가지 차원들로 구성된다.

(2) 제품의 구성요소

소비자들은 자신의 욕구를 충족시키기 위하여 제품을 구입하게 되는데 실제로 소비자들이 원하는 것은 구매하는 제품으로부터 얻게 되는 혜택의 조합이라고 할 수 있다.

동일한 제품에 대해서도 소비자들마다 얻는 혜택이 다르기 때문에 마케팅관리자들은 제품을 구성하는 요소들을 효과적으로 통합하여야 한다. 제품을 구성하는 요소들은 품질, 디자인, 상표, 포장으로 분류할 수 있다.

가) 품질

품질이란 특정제품이 그 기능을 수행할 수 있는 능력을 말하는 것으로 품질의 측정에 사용되는 구성요소로는 다음과 같은 것들이 있다

(David A. Garvin, "Competing on the Eight Dimensions of Quality", Harvard Business Review, November/December 1987, pp. 101-109).

- 성능(performance) : 특정 제품 또는 서비스가 정해진 디자인 요건과 작동요건을 충족시키는 정도를 말한다. 예를 들어 오디오의 음질과 같이 고객이 그 제품으로부터 추구하는 주요 혜택에 의하여 측정된다.
- 부속기능(features) : 2차적인 혜택을 제공하는 보조적인 기능들을 말한다. 예를 들어 900MHZ 무선전화기에는 상표에 따라 수화기를 들지 않고도 통화할 수 있는 "자동통화기능"이 있는가 하면, 수화기를 잘못 놓아도 1분이 지나면 통화기능 상태로 전화되는 "안심기능"도 있다.
- 신뢰성(reliability) : 일반적으로 시초 고장까지의 평균시간, 고장간의 평균 시간 및 단위기간 동안의 고장률 등으로 측정된다.
- 내구성(durability) : 제품의 수명과 견고성을 말한다.
- 서비스 용이성(serviceability) : 제공되는 서비스의 속도, 고객우대, 적합성 및 고장시 수선 용이성 등을 말한다.
- 심미성(aesthetics) : 주로 제품의 감각적 가치로 외관과 느낌 등을 포괄하는 것이다.
- 명성(reputation) : 기업명 또는 상표명에 의한 인기도를 말한다.
- 적합성(conformance) : 특정 제품 또는 서비스가 표준으로부터 벗어나는 빈도와 정도를 말한다.

기업의 입장에서 품질을 관리한다는 의미는 소비자들이 불편해하는 결함을 줄이는 것 뿐만 아니라 소비자들의 품질에 대한 욕구와 선호를 더욱 잘 충족시켜 줄 수 있는 제품을 제공함으로써 경쟁기업보다 경쟁우위를 확보하는 것을 말한다.

나) 디자인

제품 디자인은 자사의 제품을 차별화할 수 있는 하나의 수단이 될 수 있을 뿐만 아니라 탁월하고 우수한 디자인은 소비자에게 더 많은 구매의 유인을 제공할 수 있다.

제품 디자인에는 색, 크기, 형태, 재료, 무게 등이 포함되며 제품사용의 편리성과 유용성도 제고해야 한다.

최근 디자인의 중요성은 더욱 부각되고 있으며 소비자의 편리성을 높은 디자인을 가진 제품의 성공확률은 더욱 높아진다고 할 수 있다.

다) 상표

상표(brand)란 특정 판매업자의 제품이나 서비스를 다른 판매업자들로부터 식별하고 차별화시키기 위하여 사용되는 명칭, 말, 상징, 기호, 디자인, 로고와 이들의 결합체라고 정의할 수 있다. 또한 상표의 개념으로는 상표명, 상표마크, 등록상표 등이 있다.

상표명(brand name)은 코카콜라, 폴로 등과 같이 상표 중에 말로 발음하고 나타낼 수 있는 문자, 단어, 숫자부분을 말하며, 상표마크(brand mark)는 폴로의 말과 같이 상표 중에 상징, 디자인, 독특한 색상이나, 문자와 같이 인식은 되지만 말로 표현할 수 없는 부분을 말한다. 등록상표(trade mark)는 그 상표의 독점적 사용이 법적으로 보장되어 보호받을 수 있는 상표를 의미한다.

라) 포장

일반적인 포장의 기능에는 제품의 소비가 완료될 때까지 내용물을 보호하는 보호기능과 보관기능, 사용의 편리성을 높여주는 기능, 촉진기능 그리고 제품폐기를 용이하게 해주는 기능 등이 있다. 이렇게 포장은 여러 가지 기능을 가지고 있지만 최근에는 포장이 마케팅 수단으로써 수행하는 기능이 보다 중시되고 있는 경향을 보이고 있다.

표 7-1 글로벌 10대 브랜드 (단위 : 억 달러)

순 위	브랜드	가 치
1	구글	860.57
2	GE	713.79
3	마이크로소프트	708.87
4	코카콜라	582.08
5	차이나모바일	572.25
6	IBM	553.35
7	애플	552.06
8	맥도널드	494.99
9	노키아	439.75
10	말보로	373.24
58	삼성	118.70

자료 : Financial Times(2008)

(3) 제품의 분류

제품은 크게 소비재와 산업재로 구분되는데, 소비재는 소비자가 최종 소비를 위해 구매하는 제품이며, 산업재는 다른 제품의 생산이나 사업을 위해 구매되는 제품을 의미한다. 소비재는 소비자의 쇼핑습관에 따라 편의품 · 선매품 · 전문품 · 미탐색품 등으로 분류할 수 있다. 편의품(convenience goods)은 소비자가 최소의 노력으로 자주 구매하는 제품을 의미하며, 다시 필수품(staple goods), 긴급품(emergency goods), 충동품(impulse goods)으로 분류할 수 있다.

선매품(shopping goods)이란 소비자가 가격 · 품질 · 디자인 등을 평가해서 탐색한 후 구매되는 제품을 말한다. 선매품은 편의품보다 구매빈도는 낮지만 가격이 높은 편이다.

전문품(specialty goods)은 소비자가 제품을 구매할 때 많은 탐색노력을 기울이는 제품을 말한다. 전문품은 일반적으로 상표인지도와 상표충성도가 높으며, 대표적인 전문품으로는 고가의 자동차와 시계들을 예로 들 수 있다.

미탐색품(unsought goods)이란 소비자들이 평소에 거의 제품탐색 의도를 보이지 않는 제품을 말한다.

(4) 관광상품의 분류

관광상품은 관광기업이 현재 및 잠재고객을 대상으로 제공하는 유형적 상품과 서비스, 아이디어, 정보 등을 포함하는 개념으로, 유형적 요소보다 무형적 요소가 더 많은 서비스 상품이라고 할 수 있다.

서비스는 핵심서비스(core service)와 부가서비스(supplementary

service)로 구분되는데 핵심서비스란 서비스상품의 판매에 있어 주된 요소가 되는 서비스를 말하며, 부가서비스는 핵심서비스를 판매하기 위하여 보조적인 역할을 하는 서비스를 말한다.

예를 들어 호텔에서 제공하는 핵심서비스는 숙박 및 식음료 판매와 관련된 서비스이며, 부가서비스란 종사원의 친절, 호텔 내외의 정보제공, 비즈니스와 관련된 편의제공 등이라 할 수 있다. 하지만 관광기업의 핵심서비스는 거의 비슷하기 때문에 핵심서비스만으로는 경쟁기업과 차별화하기 어려운 것이 사실이다. 따라서 부가서비스 측면의 차별화를 시도하는 것이 보다 유용하다고 할 수 있다(신혜숙, 2004 : 128-129).

관광상품은 숙박상품 · 식음료상품 · 교통상품 · 관광편의품 · 쇼핑상품 · 관광명소상품 · 관광활동상품 · 관광이벤트상품 등으로 분류할 수 있다(이정학, 2003 : 133-135).

- **숙박상품** : 관광호텔 · 수상관광호텔 · 가족호텔 · 한국전통호텔 · 콘도미니엄 · 모텔 · 여관 · 유스호스텔 · 방갈로 · 펜션 등의 객실상품을 말한다.
- **식음료상품** : 호텔 레스토랑 및 주장 · 관광식당 · 일반음식점 · 유흥음식점 · 간이음식점 등에서 제공하는 음식과 음료 등의 상품을 말한다.
- **교통상품** : 항공기 · 선박 · 유람선 · 버스 · 기차 등의 객석 및 렌터카 등의 상품을 말한다.
- **관광편의품** : 관광활동에 필요한 물품, 즉 모자 · 의복 · 선글라스 등의 상품을 말한다.

- **쇼핑상품** : 기념품 · 토산품 · 특산품 등의 상품을 말한다.
- **관광명소상품** : 박물관, 전시관, 기념관, 문화유적지, 명승지, 휴양지, 민속촌, 주제공원, 생태관광지, 재래시장, 건축물, 자연 그 자체 및 형상물 등을 이용한 상품을 말한다.
- **관광활동상품** : 온천, 스포츠활동, 전통체험(김치, 도자기 등), 카지노 등의 체험상품을 말한다.
- **관광이벤트상품** : 축제 · 공연 · 스포츠경기 · 박람회 등의 이벤트적 상품을 말한다.
- **기타** : 기후 · 친절성 · 이미지 · 민족성 · 신기성 등을 관광상품화한 것을 말한다.

2) 제품수명주기

(1) 제품수명주기의 개념

제품수명주기(product life cycle)란 새로운 제품이 개발되어 시장에 출시된 이후 성장하다가 일정기간을 경과한 후에 쇠퇴되어 시장에서 사라지기까지의 과정을 의미한다. 다시 말하면 특정제품이 개발되어 시장에서 출시된 이후 시간이 경과함에 따라 매출액과 이익이 변화해 가는 과정을 나타낸 것이다.

(2) 제품수명주기의 단계별 특성 및 전략

제품수명주기는 도입기 · 성장기 · 성숙기 · 쇠퇴기로 나누어 볼 수 있는데, 각 단계별 특성은 다음과 같다.

가) 도입기

도입기(introduction stage)는 특정제품이 처음으로 시장에 출시되어 소비자가 구매하게 되는 단계로 기업은 시장개척자로서 계획된 제품 포지셔닝 전략에 따라 마케팅믹스 전략 등을 실행한다.

나) 성장기

성장기(growth stage)에는 매출액이 증대되어 이익이 증가하지만 높은 시장점유율을 유지하기 위해 촉진 및 유통에 많은 자금이 투입되는 시기이기도 하다.

다) 성숙기

성숙기(maturity stage)에 들어서면 매출액이 감소하기 시작하기 때문에 기업은 시장과 제품 및 마케팅믹스 등에 변화를 주어 확보한 시장을 방어하게 된다.

라) 쇠퇴기

쇠퇴기(decline stage)에는 기술혁신 · 경쟁심화 등으로 매출액이 감소한다.

(3) 관광지의 수명주기

Burtler는 1980년 상품수명주기와 유사한 관광지수명주기를 제시하였는데, 상품수명주기에서의 상품판매량은 관광자수로, 시장의 진화과정은 관광지의 물리적 시설이나 행정조직과 같은 관광지의 개발과정으로 대치된 것이다. 이러한 관광지의 수명주기는 관광지의 질과 양이라는 시장진화와도 관련시켜 설명할 수 있는데, 관광지의 수명주기는 탐색

기 · 몰입기 · 강화기 · 정체기 · 쇠퇴기로 구분할 수 있다.(신혜숙, 2004 : 141~144)

각 단계별 특징을 살펴보면 다음과 같다.

가) 탐색기

관광수명주기의 첫 번째 단계인 탐색기는 단체관광을 싫어하는 소수의 모험적 관광자들이 지역을 방문하고, 접근방법과 편의시설의 부족으로 관광자수가 제한되는 시기이다.

나) 몰입기

몰입기는 관광자를 위한 시설이 일부 개발되고 광고도 함에 따라 관광자수가 증가하는 시기로, 성수기와 주요관광자 밀집지역이 형성되며, 공공부문은 기반시설을 제공해야 할 책임을 느끼게 되는 시기이다.

다) 개발기

개발기는 관광자가 대량으로 유입되며, 관광지에 대한 통제가 지역주민의 손을 벗어나고, 외부기업이 현대적 시설을 개발하기 시작하면서 관광조직이 변화하는 시기이다.

라) 강화기

강화기는 관광자수가 증가하나 증가율이 저하되기 시작하는 시기이다. 관광지는 완전히 성숙한 관광사업의 일부로 존재한다.

마) 정체기

정체기에 오면 관광자수가 최고치에 도달하고, 이제 지역은 더 이상 인기가 없어진다. 보수적 여행자들 중 반복방문객이 주요관광자이다.

바) 쇠퇴기

주말이나 당일 여행객 같은 지리적으로 근접한 소수의 관광자만이 이 지역을 방문한다.

3) 신제품 개발

기업이 신제품을 얻을 수 있는 방법은 크게 두 가지로 나누어 볼 수 있는데 첫 번째는 신제품을 보유하고 있거나 신제품 개발에 적극적인 기업을 인수, 합병하는 방법이고, 두 번째는 기업 내부적으로 연구개발 부서에 의한 신제품개발이다.

(1) 신제품개발의 의의

다양한 소비자들의 욕구를 충족시키기 위하여 기업들은 제품차별화(product differentiation) 전략으로써 신제품을 개발한다. 또한 상황에 따라서는 기존제품을 계획적으로 진부화시키기 위해서 신제품을 개발하기도 한다. 신제품은 시초제품 · 혁신제품 · 수정제품 · 신상표 등의 유형이 있는데, 시초제품은 핵심기능을 최초로 제공하는 제품을 의미하며, 혁신제품은 핵심기능이 혁신적으로 변화된 제품을 의미한다.

수정제품은 핵심기능이나 부수적 기능이 수정된 제품이며, 신상표는 똑같은 기능의 제품을 상표와 포장만 바꾼 제품이다. 신제품이 시장에서 성공하기란 매우 어렵기 때문에 기업의 입장에서 신제품개발 전략은 매우 위험도가 큰 전략이다.

(2) 신제품의 성공요인

가) 소비자와 관련된 요인

신제품이 시장에서 성공하기 위해서는 가장 먼저 소비자의 필요에 적합해야 하는데, 그러기 위해서는 표적고객의 선택이 정확해야 한다. 또한 제품의 테스팅, 출시 및 수명주기의 관리에 있어서도 고객의 필요를 해결하기 위한 제품의 편익이 소비자에게 적절하게 제공되고 있는지를 주기적으로 점검하는 것이 필요하다. 또 다른 소비자 관련 요인으로는 소비자에게 가격에 비하여 높은 효용을 줄 수 있는 제품이어야 한다.

나) 기술 관련 요인

신제품의 성공 요인 중 기술관련 요인이란 자사의 신제품이 경쟁사에 비해 독점적 기술우위를 가지고 있는 것도 중요하지만 그보다도 소비자들이 원하는 편익을 제공할 수 있는 능력을 의미한다고 할 수 있다. 물론 다른 경쟁기업과 비교하여 독점적 기술우위를 보유하게 되면 그 신제품은 시장에서 성공할 확률이 더 높겠지만 소비자들이 원하는 편익이 무엇인지 파악을 하지 못하면 그 성공확률은 낮아지게 된다.

다) 시장환경 관련 요인

일반적으로 신제품 중 성장잠재력이 큰 제품은 시장에서 성공할 확률이 높다고 할 수 있다. 성장잠재력이 큰 제품은 제품수명주기상 성장기에 있는 제품을 말하며, 신제품의 진부화 속도, 전체 잠재시장의 크기 등을 모두 고려하여 성장 잠재력을 판단하여야 한다.

라) 기업 내부 요인

Robert(1990)에 의하면 신제품들 중에서 독특한 기술을 가지고 기존 제품과의 관련성이 높은 시장에 진입했을 때는 67%의 성공률을 보였으며, 독특한 기술은 있으나 관련성이 낮은 시장에 진출한 경우에는 25%, 독특하지 않은 기술을 이용하여 관련성 없는 시장에 진입한 경우에는 극히 낮은 성공확률을 보였으며, 독특하지 않은 기술로 관련성이 높은 시장에 진입한 경우 25%의 성공률을 보였다. 따라서 독특한 기술처럼 강점을 가지고 있으며 기존 제품과의 관련성이 높은 시장에 진출한 경우가 가장 성공 가능성이 크다고 할 수 있다.

그 외에도 신제품을 성공시키기 위한 기업 내부적 조건들 중에서 중요한 것들로는 최고경영자의 지원, 신제품개발과 관련된 기능부서들 사이의 원활한 의사소통, 신제품을 성공시키려는 강력한 의지를 가진 임직원, 효과적인 신제품개발 조직 등을 들 수 있다(박흥수 외, 2004 : 14).

마) 신제품 개발기간 및 출시의 타이밍

많은 제품들이 제품수명주기가 빨라지면서 진부화 속도가 빨라지고 있는데 좋은 아이디어라고 하더라도 제품출시의 적기를 놓치면 시장에서 성공하기 어렵다. 특히 하이테크 제품일수록 출시의 타이밍이 더욱 중요하다고 할 수 있다. 한편 아직 성숙되지 않은 시장에 신제품을 출시하여 실패하는 사례도 많이 있는데, 예를 들어 1970년대에 Mc.Donald' s가 우리나라에 진출을 시도하였으나 실패한 사례가 좋은 예가 될 수 있다.

(3) 신제품의 실패원인

해마다 많은 신제품들이 시장에 출시되지만 그 중 많은 수가 실패하고 만다. 성공한 제품과 실패한 제품을 구별하는 기준은 다양하지만 일반적으로 신제품이 시장에서 실패하는 이유는 다음과 같다.

가) 소비자 관련 요인

신제품이 실패하는 여러 요인 중에서 가장 일반적인 요인은 신제품이 기존제품과의 차별화된 독특한 편익을 소비자들에게 제공하지 못하는 경우이다. 모방전략(me-too strategy)에 의해 출시된 신제품이 시장의 기존제품을 따라 잡는 것은 아주 힘든 일이다. 또한, 독특한 편익은 있으나 소비자들의 기호가 바뀌어 더 이상 그 편익을 높이 사주지 않게 되는 경우도 볼 수 있다.

따라서 신제품이 시장에서 실패할 확률을 줄이기 위해서 가장 필요한 노력은 기존제품과는 차별화되면서도 소비자들이 원하는 독특한 편익을 찾아내어 이를 제공할 수 있도록 제품을 설계하는 일이다.

나) 마케팅전략 관련 요인

신제품의 성공은 정확한 표적시장의 선정과 그에 적합한 포지셔닝을 필요로 한다. 물리적으로는 훌륭한 제품을 만들어 놓고서도 마케팅 전략상의 실수로 인해 신제품이 실패하는 경우도 자주 볼 수 있다. 신제품의 실패 확률을 줄이기 위해서는 시장세분화가 올바르게 되어 있는가 하는 점과 표적고객들에게 파고들 수 있는 포지셔닝이 이루어져 있는가를 면밀히 검토해야 한다.

다) 마케팅과 유통자원의 부족

신제품이 성공하기 위해 필요한 광고, 판촉, 유통상의 지원이 불충분해서 실패하는 신제품들을 볼 수 있는데, 특히 사내 영업조직이나 유통경로 구성원들을 설득하는데 실패하여 신제품을 취급하는 것을 회피할 경우 신제품이 시장에서 성공을 거두기가 어렵게 된다.

라) 사내조직 관련 요인

신제품의 성공을 위해서는 전사적인 품질에 대한 인식과 고객지향적인 기업문화가 필요할 뿐만 아니라 기업 내의 마케팅부문, 연구개발부문, 생산부문, 영업부문 구성원들의 노력과 협조가 필요하다.

기업 내부적으로 위에서 언급된 부서의 협조가 부족하면 신제품은 시장에서 성공확률이 낮아지게 된다.

마) 기타 요인

위에서 언급된 요인들 이외에도 기술개발과 관련된 요인, 신제품 출시의 타이밍, 수요예측의 실패, 경쟁기업에 대한 정보 부재, 기업을 둘러싸고 있는 외부환경 등에 의해 신제품이 시장에서 실패할 수 있다.

4) 신제품 개발과정

신제품의 개발과정을 살펴보면 아이디어 창출(idea generation), 아이디어 채택(idea screening), 사업 분석(business analysis), 제품 개념 개발(product concept development), 제품 개념 테스트(product concept test), 제품 테스트(product test), 마케팅 믹스 계획(marketing mix planning), 시험 마케팅(test marketing), 상업화

(commercialization)의 단계를 거친다.

아이디어는 기업내부자료는 물론 경쟁사 · 고객 등 다양한 경로를 통해서 창출될 수 있으며, 창출된 아이디어 중 기업이 목표로 하는 매출액과 시장점유율 및 기업의 이용가능한 자원 등을 고려하여 채택하게 된다. 그 다음 단계가 사업성 분석인데, 사업성 분석이란 채택한 아이디어가 상품화되었을 때 비용 및 이익을 예측하는 것을 의미한다. 그 다음 제품 컨셉을 개발하고 컨셉에 대한 테스트를 실시한다. 그 다음 제품개발 단계에서 제품출시에 문제가 없다고 판단되는 제품에 대해서 시험적으로 판매해 보는 시험 마케팅을 실시한다. 시험 마케팅을 통해서 기업들은 경쟁사의 제품과 비교해 매출액과 표적시장 및 고객들의 반응 등을 파악하게 된다.

9 신제품 개발과정 사례(Courtyard by Marriott)

현재 미국 중간 가격대 호텔 시장을 석권하고 있는 Courtyard by Marriott의 사례를 통해 신제품개발 전략의 단계와 내용을 고찰해 보기로 한다.

1) 아이디어의 창출(idea generation)

신제품 개발 전략의 첫 단계는 아이디어의 창출로부터 시작된다. 3M의 지침인 'Don' t kill any idea' 와 같이 브레인 스토밍(brainstorming) 등을 거쳐 가능한 모든 아이디어를 동원하고 수집하여야 한다. 고 가격대 호텔만을 소유하고 있던 Marriott Corporation에서는 총지배인과 부서

장들이 참석한 가운데 매주 칵테일 리셉션에 여러 형태의 고객들을 초대하여 중간 가격대 호텔에 대한 욕구와 필요, 문제점을 파악하였다.

2) 아이디어 채택(idea screening)

신제품 개발의 2단계로서 발굴된 수많은 아이디어 중 필요한 아이디어를 채택하여야 한다. Marriott에서는 호텔 내 실무자, 전문가, 고객과의 피드백을 통해 중간 가격대 호텔에 적합한 아이디어를 선별하였다.

3) 사업분석(business analysis)

Marriott에서는 중간 가격대 호텔 시장의 사업성을 분석한 결과, 고가격대 호텔시장 및 염가 호텔시장과 비교 시 충분한 시장성을 발견하였으며, 또한 뚜렷한 시장 선도자가 없음을 파악하였다.

4) 제품 개념 개발(product concept development)

제품개념개발이란 채택된 아이디어가 소비자에게 의미있는 개념으로 전달되도록 전환시키는(version) 단계를 말한다. 즉 아이디어를 세부적인 제품 개념으로 연결시키는 과업으로서, 소비자에게 제품에 대한 전체적 그림(product image)을 제시하는 것이다. Marriott은 경쟁이 포화상태에 있는 도심보다는 도시 인근의 외곽 지역에 시장성이 충분함을 발견하고 최종적 상호를 Courtyard로 정했다. Courtyard는 가정집 안 뜰의 의미로서 아파트가 주가되고 있는 도심보다는 도시 외곽 지역의 이미지를 강력히 전달할 수 있었던 것이다.

Marriott은 보다 구체적으로 150실 미만, 가정집과 같은(home-like setting)시설과 이미지, 제한된 메뉴의 레스토랑 시설, 약간의 회의 시설, 기존 Marriott의 타 브랜드와 수요가 중복되지 않는 가격대, 단기(transient) 체류객을 표적시장으로 하는 제품 개념을 개발하였다.

구체적 표적시장은 비즈니스 FIT(1년에 6회 이상 여행을 하며 중저가 호텔에 투숙)과 여가관광객(1년에 2회 이상 여행을 하며 중저가 호텔에 투숙)으로 확정하였다.

5) 제품 개념 테스트(product concept testing)

Marriott은 제품 개념에 대한 검증을 위해 3년 동안의 광범위한 연구를 수행하였다. 연구 대상은 외부환경, 객실, 음식 관련 서비스, 라운지 시설, 서비스, 여가시설, 안전 요소 등 7개의 속성이었다. 예를 들어 객실의 경우 여러 형태의 객실 견본을 통해 잠재 고객에게 순위를 부여하게 하였으며, 또한 고객 설문조사를 수행하여 비즈니스 여행객은 중간 가격대와 좋은 품질의 객실을, 순수 관광 목적 여행객은 안전하고 편안한 객실을 선호한다는 사실을 밝혀내고 제품 개념을 검증, 확정하였다.

Courtyard는 또한 구불구불한 산책로를 지닌 경관 좋은 정원과 수영장을 갖추고 비용 절감을 위해 작은 로비와 라운지, 한 개의 레스토랑, 소수의 작은 회의실, 도어맨, 벨맨, 룸서비스의 제거 등의 확정 등 제품 개념 테스트를 완성시켰다.

6) 제품 테스트(product test)

제품 테스트란 제품 개념 혹은 제품 아이디어를 유용한 제품(workable product)으로 전환시키는 단계이다. Marriott은 제품 개념 테스트의 결과, 1차적으로 객실의 기초모형(prototype)을 설정하였다. 제품 테스트를 위하여 표준 객실, 짧은 형체의 객실, 긴 형체의 객실로 잠재 고객들의 평가를 받았으며, 모두 선호는 받았으나 긴 형체의 객실은 건축비가 많이 들어 최종 객실 제품에서는 제외되었다.

7) 마케팅 믹스 계획(marketing mix planning)

Marriott은 첫 해를 대비한 마케팅 예산 책정을 필두로 기타 마케팅 전략 계획을 수행하였다.

8) 시험 마케팅(test marketing)

Marriott은 1983년 Atlanta에 최초의 Courtyard 호텔을 시장에 공식적으로 진출시켰다. 시험 마케팅 결과, 객실 규모를 좀 더 줄이는 것, 옷장의 문을 개폐식이 아닌 미닫이로 하는 것이 더욱 효과적임을 파악하고 최종 객실 시설을 확정하였다.

9) 상업화(commercialization)

Marriott은 첫 해에만 수천만 불의 광고와 판매촉진을 통하여 호텔을 시장에 대거 진출시켰다. 이는 Mc.Donald' s 가 McDLT 상품 도입시 1주에 5백만 불 이상의 광고비를 투입한 이래 기록될만한 촉진 예산으로 평가되고 있다. 1983년 최초의 호텔 진출 이후, 1986년 1월에 벌써 300개 지역에 개관, 건축, 계약 체결이 될 만큼 시장에서 큰 호응을 얻었던 Courtyard by Marriott은 2인용 조찬 프로그램의 최초 실시 등 철저한 고객조사에 근거한 현재 세계 최고의 가치를 지닌 호텔로 인정받고 있다(정규엽, 호텔 · 관광마케팅, 2004 pp. 393~396).

10 가격전략

1) 가격전략의 이해

(1) 가격의 개념

일반적으로 가격이란 제품을 구입하고 그 대가로 지불하는 화폐가치를 의미하는데, 소비자의 입장에서 보면 가격은 소비자가 재화나 서비스를 획득 또는 사용을 통해서 얻게 되는 가치에 대해서 지불하는 대가라고 할 수 있다. 그러므로, 가격은 제품의 교환가치로 볼 수 있으며, 좀 더 구체적으로 말하면 구매자들이 특정 제품을 구매함으로써 얻게 되는 효용에 부여된 가치라고 할 수 있다.

가격은 일반적인 제품가격 외에 여러 가지 다른 형태나 명칭으로 나타날 수 있는데, 일정기간 건물의 사용에 따른 임대료, 학교에서의 등록금, 직장인의 월급, 은행의 대출이자 등은 모두 가격의 의미를 담고 있다고 할 수 있다.

(2) 가격의 중요성

가격은 소비자의 입장에서 제품을 선택할 때 가장 중요한 결정요인 중 하나로 작용하기 때문에 마케팅 관리자들 입장에서는 가격을 결정하는 것이 가장 중요한 문제 중 하나가 된다. 기업이 마케팅 믹스로 사용하는 도구들 중 가격은 경쟁에 가장 민감한 특성을 가지고 있기 때문에 기업의 입장에서 즉각적인 효과가 발생한다. 그렇기 때문에 가격은 가장 강력한 경쟁도구로의 사용이 가능하지만 경쟁기업의 즉각적인 모방이 가능하다는 단점을 가지고 있다. 만약 자사가 경쟁우위 확보를 위해 가격을 인하하였는데, 경쟁사가 모방을 하게 되면 기업은 가격인하를 통해 기대했던 목표 달성을 이루기 어렵고 수익성의 감소만 가져오게 된다.

특히 서비스기업들의 경우는 수요가 피크일 때 수요를 감소시키기 위해 가격을 올리기도 하며, 수요가 적을 때는 가격을 아주 낮게 책정하기도 하는데 영화관의 조조할인, 항공사의 비수기 할인 등이 그 예이다. 이처럼 가격(price)은 서비스 마케팅의 7P믹스 중에서 다른 믹스와는 달리 쉽게 변화시킬 수 있고 가장 빨리 변화의 결과를 얻을 수 있다.

사례 역사보다 힘센 2000원

관람객 42% 급감

입장료 2000원이 관람객 수를 40% 넘게 떨어뜨린다?

국립중앙박물관 이야기다. 성인 2000원, 초 · 중 · 고교생 1000원을 받는 유료화 첫날인 1월 3일, 관람객은 격감했다. 중앙박물관에 따르면 이날 총 관람객은 1만3296명. 개관 이후 화요일 평균 관객 2만 2850명의 절반을 조금 넘는 수준(58%)이다.

중앙박물관 관계자들은 한결같이 "입장료 2000원이 관람객 급감의 주 원인"이라고 분석했다. 지난해 10월 28일 개관한 중앙박물관은 지난해 말까지 무료로 개방했다. 개관 44일째 만에 100만 관람객 돌파, 12월 31일까지 개관 57일 동안 다녀간 총 관객은 134만명, 하루 평균 2만 3,500여 명이 다녀갔고, 언론에 크게 보도됐다.

개관 기념으로 무료 입장했다가 유료로 바뀐 뒤 관람객이 급감한 것은 중앙박물관만이 아니다. 현재 입장료 2000원을 받는 경복궁의 고궁박물관도 지난 해 8월 15일 개관한 뒤 9월까지 무료였다.

당시 1일 평균 입장객은 4,233명. 그러나 지난해 10월에는 1,300여명, 11월에는 760명 선으로 떨어지더니 12월에는 무료 때의 10분의 1수준인 418명이 됐다. 그러나 강우방 이화여대 교수(미술사)는 "관람객 수의 많고 적음을 박물관 성공의 척도로 삼는 것은 곤란하다"고 지적했다.

그는 "지난해 10월 있었던 청계천 복원과 맞물려 관광 차원에서 중앙박물관과 청계천을 '당일치기' 로 찾은 이들이 많은데, 이는 박물관을 문화적으로 접근한 것이 절대로 아니다"라며 "박물관은 전시와 연구 결과물의 수준으로 평가받아야 한다"고 덧붙였다.

중앙박물관은 외형면에서 세계 6대 규모를 자랑한다. 대영박물관이나 루브르 등 세계 대표 박물관의 하루 평균 관람객 수는 1만 5000여명 수준이다.

자료 : 2006년 1월 4일 조선일보 신형준 기자

2) 가격결정요인

기업이 자사의 제품이나 서비스에 대해서 가격을 결정할 때는 기업의 가격목표, 제품에 대한 수요, 원가 구조, 경쟁상황, 정부정책 등을 고려해야 한다.

(1) 기업의 가격목표

기업이 가격을 통해서 어떠한 목표를 추구하는지가 가장 먼저 자사의 제품 가격을 결정하는 요인으로 작용하게 된다. 이때 가격목표는 단독적으로 결정되어지기보다는 다른 마케팅 믹스 변수들과의 관계를 고려하여 결정되어야 하기 때문에 그 기업의 마케팅 전략목표에 따라서 기업의 가격목표가 정해지게 된다.

(2) 제품에 대한 수요

제품에 대한 소비자들의 수요에 따라서 가격결정은 달라지게 되는데, 예상되는 수요량이 얼마나 되며, 수요의 가격탄력성이 어느 정도인가에 따라 가격결정에 많은 영향을 미칠 수 있다.

(3) 원가 구조

기업의 원가구조는 가격의 하한선을 결정하게 하는데 기업은 생산, 유통, 판매 등에 소요되는 비용을 충당하고 투입한 노력과 위험에 비추어 적당한 이익이 보장되는 가격을 결정하게 된다. 기업이 고려해야 할 원가에는 크게 고정비와 변동비의 두 가지가 있는데 고정비는 생산 및 판매수입에 관계없이 발생하는 비용으로서 예를 들면 임대료, 직원들의 급여 등이 포함된다. 변동비는 생산수준에 따라 변화하는 비용을 말한다. 원가 구조는 생산 및 마케팅과 관련하여 아래와 같은 개념으로 파악할 수 있다.

가) 총고정비

총고정비(total fixed cost)는 생산, 판매되는 양에 관계없이 일정하게 발생하는 비용으로 임대료, 종업원들의 급여, 보험료, 공장 및 설비의 감가상각비 등이 있다.

나) 평균고정비

평균고정비(average fixed cost)는 제품 한 단위에 할당된 고정비용으로 총고정비용을 총제품단위로 나누어 계산한다.

다) 변동비

변동비(variable cost)는 생산에 직결되는 직접 노무비와 자재비를 의미한다.

라) 평균변동비

평균변동비(average variable cost)는 생산된 제품단위당 변동비로서 총변동비를 총제품수로 나눈 것이다.

마) 총비용

총비용(total cost)은 총고정비와 변동비의 합계를 말한다.

바) 한계비용

한계비용(marginal cost)은 추가적으로 한 단위를 생산 · 판매함으로써 발생하는 총비용의 증가분이다. 보통 한계비용은 생산량이 적은 수준에서는 급격히 감소하나 일정량 수준 이후에는 추가적 한 단위의 총변동비의 증가만큼 다시 증가하게 된다.

(4) 경쟁상황

기업은 경쟁기업의 가격과 품질을 파악한 후 자사의 가격결정의 가이드라인으로 사용할 수 있는데, 예를 들면 자사제품과 경쟁제품의 품질이 비슷한 경우 자사제품의 가격은 경쟁제품과 비슷한 선에서 결정되어야 하며, 자사제품의 품질이 경쟁제품보다 떨어지면 가격도 낮게 책정해야 하며, 자사제품의 품질이 경쟁제품보다 높다고 판단이 되면 경쟁제품보다 가격을 높게 책정할 수 있게 된다. 또한 경쟁기업의 가격을 평가할 때에는 다음과 같은 점을 고려해야 한다(이우용 외, 2003 : 520).

- 산업 내에 얼마나 많은 경쟁자가 있는가? 여기에는 대체제의 생산업자도 포함하여 분석해야 한다.
- 그들의 시장점유율과 시장은 어떠한가?
- 그들의 자금동원능력 및 경영능력은 어떠하며 지금까지 이 제품에 어느 정도 투자하여 왔는가?
- 자사와 비교하여 그들의 원가구조는 어떠한가 ?
- 지금까지 어떠한 가격체계를 유지하여 왔는가 ?
- 소비자들은 경쟁제품에 어떠한 반응을 하는가 ?

한편, 경쟁상황과 고려하여 가격 결정시 경쟁자들도 자사의 가격변화에 대응하여 그들의 가격을 변화시킬 수 있다는 점을 고려해야 하기 때문에 가격결정 시에는 자사의 가격변화에 대한 경쟁기업들의 반응도 같이 고려해야 한다.

(5) 정부정책

가격결정은 항상 기업의 의지대로만 되는 것이 아니라 특별한 상황하에서는 정부의 정책이나 법적 규제에 의해서 제품의 가격결정이 큰 영향을 받게 된다. 우리나라의 경우 1981년 공정거래법 제정 이전까지는 정부의 개입이 매우 직접적인 형태로 나타났기 때문에 주요한 공산품 가격인상을 위해서는 사전에 정부의 허가가 필요했었다. 이러한 상황하에서의 가격인상은 원가인상 요인이 있다고 판단되었을 때에만 가능했기 때문에 상당한 부작용이 초래되었으며 기업의 입장에서는 이러한 문제 해결을 위해 신제품을 개발하거나 기존제품의 품질을 저하시키는 방법을 사용하였다. 이러한 경우 직접적으로 제품을 사용하는 소비자의 입장에서 품질이 저하된 제품을 사용하게 되고 국산품의 품질향상이나 기술적인 면에서 문제가 발생되었다. 이와 같이 상황에 따라서는 가격에 대한 정부의 직접적인 규제가 가격의 수급조절기능을 약화시키고 여러 가지 문제점을 야기시킬 수도 있다.

3) 가격결정방법

(1) 원가중심 가격결정법

원가를 중심으로 가격을 결정하는 방법에는 원가가산법(markup or cost plus pricing)과 목표수익률법(target profit pricing)이 있다. 원가가산법은 가장 일반적으로 쓰이는 방법으로 원가에 표준이익을 가산하여 가격을 결정하는 방법이다. 목표수익률법은 일정한 표준생산량 하에서의 총원가에 예정된 수익률을 가산함으로써 가격을 결정하는 방법이다. 목표수익률법은 손익분기점(break-even point)을 이용하여 가격을 결정한다.

(2) 수요중심 가격결정법

수요중심 가격결정법이란 기업이 제품을 생산하는 데 들어간 원가가 아니라 소비자가 인식하는 제품의 가치에 따라 가격을 결정하는 방법이다. 이 방법은 소비자가 인식하는 가치에 따라 가격이 결정되는 방법이기 때문에 소비자들의 가치인식의 파악을 위해 일반적으로 소비자 조사를 실시한다.

(3) 경쟁중심 가격결정법

경쟁중심 가격결정법이란 경쟁기업의 가격을 검토한 후 그 가격을 기준으로 자사의 가격을 결정하는 방법이다. 따라서 기업은 경쟁기업의 가격과 비교한 후 시가가격, 저가격, 중가격, 고가격 중 하나를 선택하게 되는데, 여기서 시가가격이란 가격변화에 가장 영향력을 가진 선도기업이 결정한 가격을 의미한다.

4) 가격전략

가격전략은 기업의 현재와 미래의 경쟁상황을 분석해 보았을 때, 어떤 전략이 가장 효율적인지에 의해서 결정되는데 기업의 마케팅 목표 및 마케팅 믹스와 연관지어 결정해야 한다.

이러한 상황에서 단순히 고가격전략, 중가격전략, 저가격전략은 의미가 크지 않기 때문에 경쟁상황 등을 고려하여 상대적 고가격전략, 대등가격전략, 상대적 저가격전략으로 나누어서 생각할 수 있다.

(1) 상대적 고가격전략

상대적 고가격전략(premium pricing strategy)은 자사 제품의 가격을 경쟁기업 제품의 가격보다 높게 책정하는 전략으로 자사의 제품이 그 시장에서 우수하거나 명성이 높을 때 사용 가능하다. 상대적 고가격전략은 이미지를 중시하는 고가의류제품이나 전문품 등에서 일반적으로 나타나며, 소비자가 가격에 의해서 제품의 품질을 평가하는 경향이 강하거나 제품이 개인의 사회적 지위나 명예, 건강 등의 상징적 의미를 갖는 경우에 자주 사용되는 가격전략이다(채서일, 2004 : 360).

(2) 대등 가격전략

대등 가격전략(parity pricing strategy)이란 기업이 경쟁기업 제품의 가격과 동일하거나 거의 비슷한 수준으로 가격을 책정하는 전략을 말한다. 대등가격전략은 시장의 수요가 가격에 대해 탄력적이지 않고, 경쟁기업의 가격인하에 대해서 동일한 수준의 가격으로 대응이 가능할 때 사용된다. 기업이 대등가격전략을 구사할 때는 마케팅 전략에서 가격이 차지하는 비중이 그 만큼 줄어들고 제품, 유통, 촉진과 같은 다른 마케팅 믹스 요소들이 보다 더 중요한 역할을 하게 된다.

(3) 상대적 저가격전략

상대적 저가격전략(value pricing strategy)이란 경쟁기업보다 낮은 가격을 책정함으로써 철저하게 생산규모와 판매량을 늘리는 데 목적이 있을 경우 사용되는 가격전략의 유형이다.

상대적 저가격전략은 수요의 탄력성이 높아 소비자가 가격에 대해 민감한 반응을 보일 때나 자사가 진출하려고 하는 시장에 경쟁기업의 수가 너무 많을 경우에 사용될 수 있으며, 이 전략을 구사하려면 경쟁기업들에 비해서 원가구조상의 우위를 가지고 있어야 한다.

11 유통전략

1) 유통전략의 이해

유통이란 생산된 제품이나 서비스를 소비자에게 이전하는 과정을 의미하며, 유통산업이란 도매상과 소매상 및 물적 유통기관 등과 같이 유통기능을 수행하고 지원하는 유통기구들의 집합을 말한다. 유통경로(channel of distribution)란 제조업자 → 도매상 → 소매상 → 소비자 형태와 같이 제품이나 서비스가 생산자로부터 소비자에게 이전되어 가는 과정에 거치는 경로이며, 이때의 유통경로는 제품 · 가격 · 촉진과 함께 마케팅 믹스 구성요소의 하나가 된다.

2) 관광기업의 유통

유통의 기본적인 기능은 판매자의 상품을 효율적으로 시장에 전달하고 시장에서 얻은 정보를 수집하여 판매자에게 전달시켜 주는 역할을 하는 것이다. 일반적으로 관광유통은 관광공급업자와 소비자인 관광객 사이에 여행사와 같은 알선업체가 유통을 담당한다.

다시 말해서 관광유통은 관광공급업자가 관광객을 위한 시설, 호텔, 항공사, 테마파크, 리조트, 렌터카 등 의 관광상품을 여행사에 제공하고 여행사는 관광공급자의 관광상품을 받아 관광객에게 판매하는 유통구조를 가지고 있다. 그러나 관광상품은 제품처럼 제조업자 → 도매상 → 소매상 → 소비자의 유통과정을 반드시 거치지 않는 경우가 많다.

예를 들어 관광객이 직접 호텔과 항공사에 예약을 하고 현지관광도 관광객이 현지에서 직접 수배하는 것이 가능하기 때문이다. 특히 호텔숙박 또는 항공좌석 등 단일 관광상품만을 이용할 경우 유통과정을 거치지 않고 직접 구매하는 경우가 많이 있다(이정학, 2003 : 173).

12 촉진전략

1) 촉진전략의 이해

(1) 촉진의 개념

촉진(promotion)이란 기업의 제품이나 서비스를 주어진 가격에 구매하거나 구매를 계속하도록 유도할 목적으로 제품 또는 서비스의 성능이나 가치에 대하여 현재 및 잠재고객을 대상으로 정보를 제공하거나 설득하는 것과 관련된 마케팅 노력의 일체를 의미한다(Robertson, 1971 : 43~44 ; 김종의 외, 2003 : 284 재인용). 즉, 촉진이란 마케터가 자사의 제품이나 서비스를 경쟁기업의 제품이나 서비스보다 우수하다는 것을 고객들에게 알려서 그들로 하여금 제품을 구매하도록 유도하기 위해 판촉, 광고, 홍보 등의 수단을 활용하여 정보를 제공하고 설득하는 종합적인 활동을 의미한다.

위에서 설명한 바와 같이 촉진은 일종의 커뮤니케이션(communication)이라고 할 수 있으며 이러한 촉진수단으로는 광고, PR, 인적판매, 판매촉진 등이 있다.

촉진전략은 푸시전략(push strategy)과 풀전략(pull strategy)으로 분류할 수 있다. 푸시전략은 제조업자가 중간상을 대상으로 적극적인 촉진전략을 사용하여 도매상이나 소매상들이 자사의 제품을 적극적으로 판매하도록 유도하는 전략이며 푸시전략에서는 중간상 판촉의 중요성이 증가하게 된다. 풀전략이란 최종소비자들을 대상으로 적극적인 촉진을 사용하여 소비자가 자사의 제품이나 서비스를 적극적으로 찾게 함으로써 중간상들이 자발적으로 자사의 제품을 취급하게 만드는 전략을 말한다.

(2) 촉진의 기능

가) 정보제공

잠재고객이 어떤 제품을 구매하려면 우선 그 제품에 대한 지식을 필요로 하기 때문에 정보제공(informing)은 촉진의 가장 기본적이고 중요한 기능이라고 할 수 있다. 정보제공적 촉진기능은 기업이 신제품을 출시하여 본원적 수요를 창출하고자 하는 경우에 특히 중요시되는데 신제품을 출시한 기업은 제품의 구매를 촉구하기보다는 그 제품의 존재가치나 특성 또는 경쟁제품 보다 우수함을 알려주는 촉진활동을 하게 된다.

예를 들어 새로운 영화에 대해 광고하는 두 가지 주요한 이유는 잠재관객에게 그 영화를 알리는 것과 언제 극장에서 상영될 것인가를 알리는 것이라고 할 수 있다.

나) 설득

설득(persuading)기능이란 소비자의 구매행동에 영향을 끼칠 목적으로 긍정적이고 호의적인 소비자 태도를 개발하거나 재강화하기 위해 노력하는 촉진활동을 의미한다.

경쟁기업이 자사와 유사한 제품을 공급하고 있는 경쟁적 시장상황이라면, 마케터는 자사 제품의 비교우위적 특성을 부각시켜 표적 고객들로 하여금 자사의 제품을 구매하도록 설득하여야 한다.

다) 회상

소비자들이 자사 상표에 대하여 잘 알고 있으면서 긍정적일 경우 촉진의 주요한 목표는 회상(reminding)이 된다. 그 이유는 소비자가 자사의 제품에 대한 선호도가 높더라도 경쟁기업의 여러 촉진도구에 끌릴 수 있기 때문에 소비자에게 자사제품의 장점을 회상시키고 소비자들이 올바른 선택을 하고 있다는 것을 다시 확인시키기 위해서이다. 회상기능은 주로 제품수명 주기상 성숙기 제품의 중요한 촉진목표가 된다.

2) 촉진수단

사례 시대에 따른 광고카피의 변화

광고카피는 그 나라의 문화와 역사를 반영한다. 우리나라의 광고역사를 살펴보아도 외국의 문화에 대한 모방과 우리 고유의 정신이 드러나는 두 줄기 표현들이 눈에 띈다. 최초의 광고인 세창양행의 광고는 "누구든지 금계랍 장사하고 싶은 이는 이 회사에 와서 사면 도매금으로 싸게 주리라"는 내용으로 시작된다.

일제기에는 미국과 유럽의 광고를 일본이 모방하여 여기에 한글을 조금 넣은 것이 많았다. 그러나 광고 중에는 "박가분을 애용하시는 각시에게 조선 사람은 조선 것을 아무쪼록 많이 씁시다"라는 박가분 광고, "우리 사람이 우리를 위하여 영업함"을 강조하는 버들표 유한양행의 광고 등 한국적 광고도 있었다.

해방 직후에는 미국의 영향이 그대로 반영되어 "미제와 똑같은 럭키치약" 같은 카피도 보인다. 1950년, 60년대의 광고는 역시 약품이 주류를 이루는데 산전산후, 피로회복, 건강착륙, 품질본위 같은 일본식 축약어들이 많이 쓰이고, 이낙훈, 고은아 등의 모델이 장기적으로 기용되기도 한다. 또 체력은 국력이라는 테마로 "의지의 한국인" 시리즈를 광고한 일동제약은 역경을 극복하는 실제 관련 인물을 기용하여 한국인의 강인함을 보여주었다. 또 "왕성한 체력"을 강조한 박카스도 이때의 사회 분위기를 잘 반영한다.

1960년대말 코가콜라, 펩시콜라 그리고 칼텍스 정유사의 국내상륙은 미국식 광고가 유입되고 국내광고도 다양화되는 계기가 된다. 칠성사이다는 코카콜라에 대응하여 "사랑하는 사람끼리 언제나 슈슈바 슈바슈바. 짜릿한 이 맛 칠성사이다"라는 코카콜라의 분위기를 그대로 반영한 광고를 내보낸다.

또, “옷의 역사는 하나의 나뭇잎에서 시작되었습니다”라는 캠브리지 광고, 노인부부의 사진과 함께 “마음은 신혼”이라는 헤드라인의 동아제약 오파이린 광고 등 차별적 표현들도 나타난다. “형님 먼저 드시오 농심라면, 아우 먼저 들게나, 농심라면, 형님 먼저, 아우 먼저, 그럼 제가 먼저” 하는 농심라면의 광고도 이때 등장한 것이다. 또한 잡지에 컬러 광고가 1970년대 중반부터 나타나면서 표현도 풍요로워진다. 이 당시 기업광고도 본격적으로 나타나는데 거북선과 함께 여러 유물들을 요소요소 배치한 삼성의 전면 컬러광고인 “내 고향 그 영원한 빛과 향기”가 그 중의 하나이다.

1980년대에는 외국 브랜드의 상륙이 줄을 이었는데 “누가 나이키를 신는가”를 외치며 승리의 스포츠화를 들고 나온 나이키가 대표적 브랜드의 하나이다. 이에 대응하여 프로스펙스는 “한국인의 체형에 맞는다”는 개념으로 차별화하였다. 광고의 수준도 현대화되었다. “가슴이 따뜻한 사람과 만나고 싶다”는 맥심커피 광고는 서정적인 영화 같은 장면들이 돋보였다. 다시다의 광고는 “자연=고향=어머니”의 등식을 풀어나가면서 가장 장수하는 캠페인으로 자리를 잡기 시작하였다. 또 이 당시에는 환경 광고도 많이 등장하였으며, 유한킴벌리는 “우리 강산 푸르게 푸르게” 캠페인을 시작하였다. 1990년대는 표현 아이디어도 더욱 다양해졌다. “여보, 아버님댁에 보일러 놓아 드려야겠어요”하는 경동보일러 광고처럼 정에 호소한 광고도 있었지만 “침대는 가구가 아닙니다. 과학입니다”의 에이스 침대같이 이성적 소구로 성공한 사례도 있었다. 이 광고는 후에 “침대는 과학”이란 표현이 사용금지되어 “침대과학에서 주무셔야 합니다”로 카피가 바뀌기도 하였다.

게토레이도 “달지 않아야 한다. 흡수가 빨라야 한다”는 호소와 함께 남성적 개성을 브랜드에 부여하는 데 성공하였다. 이 시기는 여성에 대한 표현도 과감해지기 시작하였다. 마몽드는 “세상이 지금 나를 필요로 한다”, 스텝로얄은 “내 아기는 다르다”고 외치는 여성을 표현하고 있다. IMF 직전에는 치열한 광고경쟁 속에서 ‘더 큰 광고’, ‘더 큰 글자’ 등을 경쟁적으로 사용하면서 “샐러리맨은 쉬고 싶다. 왜? 피곤하니까!”라고 외치는 광고도 나왔다.

IMF 이후는 복고풍의 광고가 많이 나타나면서 “할 수 있다는 믿음”, “된장찌개면 힘이 솟는 민족” 등 호소형 광고가 많이 쏟아졌다.

그리고 통신기업들간의 경쟁이 치열해지면서 차별화 하기 위하여 "때와 장소를 가리지 않습니다"라면서 유머로 접근하는 광고, "친구의 친구를 사랑한다"며 반응과 화제를 유발하는 광고, 적막 속에서 "일곱 개의 특권 스무살의 011, TTL"이라 속삭이는 화제유발성 광고 등 다양한 표현과 구현방법의 광고가 나타나 시청자들의 주목을 끌었다.

자료 : 한민희. 장대련, 광고론, 학현사, 2002, pp. 31~31

(1) 광고

가) 광고의 이해

✱ 광고의 어원

광고는 영어로 'advertising' 인데, 이 말은 라틴어의 ' adverter' 라는 말에서 나온 것으로 "돌아보게 하다", "주의를 돌리다", "마음을 어디로 향하게 한다"라는 뜻을 가지고 있다. 위에서 언급된 영어의 의미 외에도 독일어, 불어 등을 종합해 볼 때, 광고라는 말을 어원적으로 종합해 볼 때 "반복하여 부르짖어 주의를 끌어 마음을 향하게 하는 것"이라고 할 수 있다.

이 같은 광고의 어원적인 뜻은 오늘날 광고가 소비자들의 주의를 끌기 위해 갖가지의 광고기법을 동원하는 것과 무관하지 않다. 그런데 라틴어 'adverter' 에서 유래한 영어의 'advertising' 은 광고세계가 복잡해짐에 따라 'advertisement' , 'commercial' 로 세분화되어 그 의미를 조금씩 달리하고 있다. 'advertising' 은 광고행위 또는 광고과정을 뜻하고, 'advertisement' 는 광고물 또는 광고 메시지를 지칭한다.

즉 'advertisement' 는 'advertising' 의 하위개념으로서 'advertising' 의 일부를 말한다. 그래서 일반적으로 광고라고 하면 대개는 영어의 advertising의 의미를 일컫는다. 'commercial' 은 상업방송광고의 메시지를 지칭할 때 쓰여지지만 대개는 방송광고를 지칭할 때 쓰여지는 말이다. 우리나라 말로 '광고' 는 사전적 의미로 "널리 알리다"라는 뜻을 지니고 있지만, 좁은 의미로는 광고작품 또는 광고메시지를 지칭하는 것으로 'advertisement' 의 의미로 쓰이기도 하고 또 광고활동 또는 광고행위라는 넓은 뜻의 'advertising' 으로 쓰이기도 해 흔히 광고라고 지칭할 경우 이 두가지의 이중적인 뜻을 가지고 있다(송용섭 외, 1989 : 46~47)

✱ 광고의 정의

일반적으로 광고(advertising)란 자신의 이름을 밝힌 광고주가 사람의 대화가 아닌 정보전달의 매체를 이용하여 어떤 상품(서비스, 생각, 사람, 조직단체 등 포함)을 특정 대상에게 소개하거나 판매를 촉진하는 활동으로 정의할 수 있는데 여러 학자들에 의해서 다양하게 정의되어지고 있다.

나) 광고의 구성요소

모든 광고에는 광고의 주체, 초점, 대상, 매체, 목적 등이 있어야 한다.

✱ 광고의 주체

모든 광고에는 광고의 주체가 있어야 하는데 이를 광고주라 한다. 광고주는 광고에서 선전하는 상품의 소유자이며 광고비를 부담하는 당사자이다.

✱ 광고의 초점

모든 광고에는 초점이 있어야 하는데 일반적으로 초점이란 상품 자체를 의미하는데 더 정확하게 말하면 상품에 대해 알리고자 하는 내용을 의미한다.

✱ 광고의 대상

모든 광고에는 대상이 있어야 하는데 광고의 대상을 표적청중이라고 한다. 그 표적청중이 정해져야만 적합한 메시지와 매체가 정해질 수 있다.

✱ 광고매체

마케터는 수많은 소비자와 직접 커뮤니케이션을 할 수 없기 때문에 이를 가능하게 하는 연결고리가 필요하다.

✱ 광고의 목적

모든 광고는 사용하는 목적이 있어야 하며 또한 그 성과에 대한 평가가 필요하다. 광고는 상품을 소개하거나 판매를 촉진하기 위해 사용되는데, 광고의 효과는 상당히 다양하므로 다목적으로 사용이 가능하고 각 목적별로 어느 정도의 효과 측정이 가능하다.

다) 광고의 기능

광고는 마케팅 커뮤니케이션 활동의 하나로서 상품에 관한 여러 가지 정보를 전달하고, 직접적으로 판매를 촉진하는 것을 기본 기능으로 한다. 하지만 광고주는 상품을 소개하거나 판매를 촉진하는 과정에서 다양한 마케팅적, 경제적, 사회적, 문화적 기능을 수행하게 된다(한민희 · 장대련, 2002 : pp. 13~18 참조).

✱ 마케팅적 기능

첫째, 광고는 소비자를 교육하는 기능을 하는데 고객의 학습을 필요로 하는 새로운 상품의 광고나 사회적으로 바람직한 운동을 전개하는 광고에는 고객을 교육하려는 내용이 많이 포함된다. 둘째, 광고는 상품의 가치를 증가시키는 기능을 하는데 특히 광고는 무형적인 측면의 상품가치 증가에 기여한다. 예를 들어 상품의 중요한 가치 중 하나가 브랜드인데 광고는 소비자가 느끼는 브랜드에 관련된 상징적인 가치를 높여줄 때가 많다.

셋째, 광고는 새로운 정보를 창출하며, 넷째, 광고는 유통 측면에서 판로를 확보하는데 도움을 준다. 특히 신상품의 경우 광고를 많이 하는 것은 소비자를 상점으로 끌어당김으로써 소매상에서 그 상품을 진열하도록 촉진하는 계기가 될 수 있다.

또한 아래에 설명되어 있는 경제적, 사회적, 문화적 기능들도 대부분 마케팅 차원에서 활용될 수 있는 것이다.

✱ 경제적 기능

광고의 경제적 기능을 살펴보면 광고는 대량생산을 촉진하여 경제성장에 기여한다. 둘째, 광고는 자원의 분배에 영향을 미치는데 광고는 기업의 수익성이 높은 사업부문에 자원을 보다 집중시키는 측면이 있으며 경제성이 부족한 사회적 필수재의 경우 자원분배를 더욱 어렵게 만드는 측면도 있다. 또한 광고는 상품을 차별화함으로써 기업의 독점력을 높이는 역할도 한다.

✱ 사회적 기능

사회적인 측면에서 광고는 사회 마케팅(social marketing)의 수단으로 활용되어 사회변화에 중요한 영향력을 행사한다. 광고는 한 사회에 존재하는 여러 가지 가치관을 반영하면서 그 가치관을 더욱 강화시킬 수도 있고, 약화시킬 수도 있다. 예를 들면 해외 유명제품의 광고는 소비자들로 하여금 해외 유명제품을 선호하는 경향을 야기시킬 수 있다. 둘째, 광고는 제조업체에게 소비자와 직접적으로 의사소통할 수 있는 경로를 제공한다.

✱ 문화적 기능

광고는 문화를 상품화시키는 중요한 수단이 될 수 있다. 관광은 문화를 상품화하는 대표적인 예로서 광고에 크게 의존하는 상품이다. 또한 광고는 서로 다른 문화권 간의 상호영향을 조장하는 역할을 한다. 광고는 특히 서구세계의 소비문화를 세계 전역에 일방적으로 전파하여 여러 문제를 야기시키기도 한다. 우리는 소비문화 외에도 다른 문화권 간의 영향을 광고에서 볼 수 있다.

라) 광고매체

광고주는 광고매체를 선정하기 위하여 광고의 목적, 메시지 요건, 구매결정의 시기와 장소, 비용 등을 신중하게 고려해야 한다.

(2) 홍보

홍보(publicity)란 대가를 지불하지 않고 TV, 라디오, 신문, 매체 등의 비 인적매체를 이용하여 제품 및 서비스에 관한 소식을 고객에게 제공하는 활동을 말한다. 홍보는 다음과 같은 특성을 가지고 있다. 첫째, 홍보는 비용을 기업이 부담하지 않고 매체회사가 부담함으로써 무료로 이루어진다. 둘째, 매체회사의 주관하에 뉴스형태로 정보가 제공되기 때문에 광고와 비교해서 훨씬 소비자들의 신뢰도가 높다. 셋째, 매체의 사정에 따라 모든 것이 결정되고 진행되기 때문에 뉴스 형태로 제공되는 자사 관련기사 내용이나 정보제공시간 등에 대해 통제의 어려움이 있다.

(3) PR

PR(public relations)은 기업 이미지를 제고시킬 목적으로 각종 간행물을 발행하고, 자선단체를 지원하며, 지역사회 봉사활동을 하는 등 고객뿐만 아니라, 일반대중에게 직 · 간접의 편익과 혜택을 제공하는 활동을 말한다. PR의 궁극적인 목적은 이미지 제고를 통해서 자사제품이나 브랜드의 선호도를 높이려는데 있다.

(4) 인적판매

가) 인적판매의 개념

인적판매(personal selling)란 판매원을 통해 잠재고객에게 제품에 대한 정보를 제공하고 구매하도록 설득하는 촉진수단으로 방문판매나 점원의 구매권유 행위가 그 대표적인 예이다.

일반적으로 인적판매의 목적은 예상고객을 찾고, 그들에게 구매하도록 확신시키며, 구매결과에 대해 만족감을 갖도록 하는데 있다. 대부분의 잠재 구매자들은 제품을 구매하기 전에 정보를 탐색하기 때문에 판매원은 먼저 그들의 정보욕구를 확인한 다음 관련되는 정보를 제공해야 한다.

나) 인적판매의 장점 및 단점

인적판매는 다음과 같은 장점과 단점을 가지고 있다.

장점

- 고객과 판매원이 양방향 커뮤니케이션(two-ways communication)을 하기 때문에 고객이 많은 정보를 접할 수 있다.
- 다른 촉진도구들과 비교할 때 보다 효과적으로 표적시장의 핵심고객을 겨냥할 수 있다.
- 고객과 판매자 사이의 적극적인 상호작용이 일어나기 때문에 특정한 고객의 욕구에 유연성 있게 대처할 수 있다.
- 고객반응에 대해서 즉각적인 피드백이 이루어질 수 있으며 고객들과 장기적인 관계를 구축할 수 있다.

단점

- 판매원이 접촉할 수 있는 고객의 수가 한정되어 있기 때문에 촉진의 속도가 매우 느린 편이다.
- 고객 한 명에 대해서 많은 촉진비용이 사용된다.
- 유능한 판매원을 선발, 교육, 훈련하는 데 비용이 많이 들며, 유능한 판매원을 확보해서 유지하는 데 어려움이 따른다.

(5) 판매촉진

판매촉진(sales promotion)이란 기업이 소비자들의 즉각적인 반응을 유발시켜 단기적으로 매출을 증대시키기 위하여 사용하는 모든 수단을 의미한다. 소비자 판매촉진의 목적은 대량구매와 충동구매를 자극하고, 비사용자의 시험사용을 유도할 뿐만 아니라 경쟁제품을 사용하는 고객을 자사의 고객으로 전환시키려는 목적을 가지고 진행된다. 소비자 판매촉진 기법들로는 견본, 쿠폰, 프리미엄, 현금환불, 소액할인, 무료시용, 연계촉진 등이 있다.

(6) 직접마케팅

직접마케팅(direct marketing)은 대중매체나 판매원을 활용하지 않고 고객에게 직접 다양한 방법으로 커뮤니케이션을 하는 촉진활동을 의미하며 직접마케팅의 방법으로는 DM(direct mail)을 발송하거나, 텔레마케팅(telemarketing), 이메일 등을 통한 촉진활동이 있다. 직접마케팅은 고객에게 맞춤정보를 제공할 수 있는 장점이 있지만, 촉진속도가 느리고 비용이 많이 들뿐만 아니라, 제한된 시간 내에 접근할 수 있는 고객의 수가 한정적이라는 단점이 있다.

제2절 국제마케팅의 이해

국제마케팅에 대해서 여러 가지 다양한 연구들이 진행되고 있지만 아직까지 명확한 개념정립은 이루어지지 않고 있다. 일반적으로 국제마케팅을 정의하면 다국적기업이 수행하는 마케팅으로 국경을 넘어서 일어나는 모든 형태의 마케팅활동으로 정의할 수 있다.

국제마케팅의 형태는 크게 두 가지로 분류해 볼 수 있는데, 한 가지는 국내에서 해외로 마케팅활동을 펼치는 형태이고, 다른 한 가지는 해외시장에서 직접 현지 소비자들을 대상으로 마케팅활동을 하는 것이다.

국제마케팅을 국내마케팅과 비교해보면, 마케팅의 기본적인 개념과 마케팅믹스는 차이점이 없지만, 각 나라마다 처한 상황이 다르기 때문에 이러한 상황들에 어떻게 대처해 나가야 되는지의 문제점이 있다.

1 국제마케팅의 이해

1) 국제마케팅의 개념

국제마케팅에 대해서 여러 가지 다양한 연구들이 진행되고 있지만 아직까지 명확한 개념정립은 이루어지지 않고 있다. 일반적으로 국제마케팅을 정의하면 다국적기업이 수행하는 마케팅으로 국경을 넘어서 일어나는 모든 형태의 마케팅활동으로 정의할 수 있다.

국제마케팅의 형태는 크게 두 가지로 분류해 볼 수 있는데, 한 가지는 국내에서 해외로 마케팅활동을 펼치는 형태이고, 다른 한 가지는 해외시장에서 직접 현지 소비자들을 대상으로 마케팅활동을 하는 것이다.

국제마케팅을 국내마케팅과 비교해보면, 마케팅의 기본적인 개념과 마케팅 믹스는 차이점이 없지만, 각 나라마다 처한 상황이 다르기 때문에 이러한 상황들에 어떻게 대처해 나가야 되는지의 문제점이 있다.

2) 국제마케팅 환경

(1) 정치적 환경

국제마케팅에 있어서 정치적 환경(political environment)은 그 나라가 정치적으로 얼마나 위험하지 않고 안정되었는지를 의미한다. 아직까지 정치적 위험의 개념에 대해서는 엇갈린 주장이 제기되고 있다.

미국의 Kobrin은 정치적 위험을 "정치적 사전이나 과정에 의하여 야기된 잠재적으로 심각한 경영상의 위험(Potentially significant managerial contingencies generated by political events and processes)"으로 정의하였다.

정치적 위험의 구체적인 예를 들어보면, 외국기업에 대한 테러행위와 인종갈등 및 현지국 정부와의 갈등 등을 들 수 있다.

정치적 위험을 예측하고 평가하려는 노력은 다음의 세 가지 필요성에 의해 계속되어 왔다. 첫째, 미래의 위험한 국가를 미리 찾아내어 기업의 노출을 최소화하려는 필요성이다. 둘째, 필요 이상으로 정치적으로 불안정이 과다평가되었던 국가나 정치적 환경이 개선된 국가를 찾아내어 진출을 고려할 필요성이다. 셋째, 정치적으로 위험하나 진출대상에서 자동적으로 제외될 정도로 위험하지 않은 국가를 확인할 틀을 마련할 필요성이다(이철 · 장대련, 1999 : p. 119).

일반적으로 정치적 위험을 평가하기 위해 다음 4가지 방법이 많이 사용된다(이철 · 장대련, 1999 : p. 120).

✱ 현지조사방법

현지조사방법(grand tour)은 진출을 고려하는 국가에 경영자가 직접 방문하는 방법이다.

✱ 고문조사방법

고문(old hand) 사용방법은 기업외부의 그 지역에 대한 전문가의 자문을 받는 방법이다.

✱ 델파이법

델파이(Delphi)법은 전문가들에게 특정문제에 대한 독립적인 의견을 같이 나누게 함으로써 수렴된 의견을 모으는 방법이다. 델파이법을 사용하여 정치적 위험을 평가하는 대표적인 기업이 BERI(Business Environment Risk Index) 시스템이다. 이 시스템은 매년 약 45개 국가를 선정하여 100명의 전문가로 심사위원회를 구성하여 각 심사위원으로 하여금 특정국의 정치적 변수에 대하여 평가를 하도록 한다. 첫 번째 평가 후 각 심사위원은 다른 심사위원들의 평가가 종합된 결과를 보고받으며, 이것을 기준으로 자기의 초기평가를 수정할 수 있다. 이와 같은 과정을 몇 차례 반복한 후 최종적으로 특정국가의 정치적 위험에 관한 최종평가가 결정된다.

✱ 계량적 방법

최근 많은 기업들은 정치적 위험을 보다 객관적으로 평가하기 위해서 계량적 방법(quantitative method)을 사용한다. 계량적 방법 중에 주로 많이 쓰이는 방법이 판별분석 방법이다. 이 방법은 정치적 사건의 발생 가능성을 예측하기 위하여 계량화할 수 있는 요인들 사이에 수학적 관계를 개발하는 것을 의미한다.

(2) 경제적 환경

국제마케팅의 경제적 환경(economical environment)에 영향을 미치는 요인은 크게 글로벌 경제환경과 개별적인 해외시장의 경제적 환경으로 나누어 볼 수 있다.

글로벌 경제환경은 시장의 글로벌화 지역경제의 통합으로 요약할 수 있다. 시장의 글로벌화는 전 세계 시장이 무역장벽의 철폐와 정보통신 및 교통수단의 발달로 하나의 경제 시스템으로 통합되는 경향을 나타내고 있는 것을 의미한다.

지역경제의 통합은 시장의 글로벌화와 함께 글로벌 경제환경의 주요한 경향으로 나타나고 있는데, 한 지역 내의 여러 국가들이 상호 간에 관세 및 비관세장벽을 철폐하여 재화 및 서비스와 생산요소가 자유롭게 이동하도록 보장하는 협정을 의미한다.

개별적인 해외시장의 경제환경으로는 소득수준 · 인구 · 물가수준 · 상승률 등을 꼽을 수 있다.

첫째, 소득수준은 국제마케팅 환경에서 대부분 제품의 경우 소득수준이 그 지역의 시장잠재력을 나타내는 중요한 경제적 지표가 된다.

둘째는 인구인데, 해외시장 잠재력을 측정하는 중요한 지표가 인구수이다. 특히 가격이 저렴한 소비재의 경우는 인구가 소득수준보다 시장잠재력을 나타내는 데 있어서 우선적인 지표가 될 수 있다.

셋째는 물가수준 및 상승률이다. 인플레이션(inflation)은 소비자들의 구매력에 영향을 미치고, 마케팅관리자의 계획을 어렵게 만드는 요인이 된다. 물가상승률이 높은 국가에서는 국제마케팅관리자가 보다 경제적인 제품을 만들어야 하며, 판촉(promotion)도 보다 합리적으로 해야 한다.

(3) 문화적 환경

국제경영환경에서 문화적 차이를 발견하려는 노력은 여러 학자들에 의해서 꾸준히 진행되어 왔지만, 특히 Hofstede의 연구는 각국의 문화적 차이를 실증적으로 제시했다는 점에서 중요한 연구로 평가받고 있다. Hofstede의 연구에 의하면 각국의 문화적 차이는 크게 네 가지 차원으로 분류할 수 있다.

첫째는 권력거리(power distance)인데, 이는 사회 내에서 부와 권력이 불평등하게 배분되어 있다거나 편중되어 있을 경우 이를 어느 정도 수용하는가 하는 것을 의미한다. 권력거리가 큰 문화에서는 권력과 부의 불균등성이 점차 확대되는 추세를 보이고, 권력거리가 낮은 문화에서는 사람들이 가능하면 이러한 격차를 줄이려고 노력하는 성향을 보인다.

둘째는 개인주의와 집단주의적 성향(individualism vs collectivism)인데, 이것은 사람들이 얼마나 개인주의적이거나 집단주의적 성향을 보이는가를 의미한다. 개인주의적인 사회에서는 개인들 간의 연계가 느슨하고 개인의 성취와 자유가 높게 평가되며, 집단주의적 사회에서는 개인간의 관계가 밀접하게 연계되어 있다.

셋째는 불확실성의 회피(uncertainty avoidance)이다. 불확실성의 회피란 사람들이 모호한 상황이나 불확실성을 용인하는 정도를 의미한다. 불확실성 회피성향이 높은 문화에 있는 사람들은 직업안정성이나 직급의 승진 패턴에 대해서 상당히 높은 가치를 부여하며, 관리자들이 아주 분명한 지시를 내려 줄 것을 기대한다. 반면에 불확실성 회피성향이 낮은 문화에서는 변화에 대해서 두려워하지 않으며, 위험을 극복하려는 성향이 높게 나타난다.

넷째는 남성다움과 여성다움(masculinity vs femininity)의 성역할을 나타낸다. 남성중심적인 문화에서는 남녀간의 역할분담이 이루어져 있고, 성취감이나 자기주장 및 물질적인 성공에 대해서 강한 선호를 나타낸다. 반면에 여성중심적인 성향이 강한 문화에서는 복지와 화목에 더 높은 가치를 두는 경향이 있다.

Hofstede는 이와 같은 4개의 측면에서 각국의 문화가 어떠한 성격을 갖는지를 0에서 100사이로 점수화하였다. Hofstede의 연구는 각 국가별로 문화차이를 계량적으로 측정하는 틀을 제시한 것에 대한 기여가 있지만 몇 가지 문제점도 발견할 수 있다. 첫째, Hofstede의 표본이 일반화되기 어려운 문제점이 있다. 둘째, 각 국가별로 여러 개의 문화가 존재하기 때문에 각 국가마다 하나의 문화적인 단위를 측정해서 이를 비교하는 것은 만약 한 국가에 이질적인 문제가 혼재하는 경우 오류가 발생할 수 있다. 한편 최근에는 급속하게 국제경영환경이 변화하기 때문에 Hofstede의 연구를 지금 해당국가에 적용하는 것은 문제점이 있을 수 있다(장세진, 2004 : pp. 150~151).

2 국제관광마케팅의 이해

1) 국제관광의 개념

국제관광에 대한 여러 가지 정의들이 있지만 일반적으로 국제관광(international tourism)이란 관광자가 자기 나라를 떠나 다시 돌아올 예정으로 다른 나라의 문물 · 제도 · 경관 등을 감상 · 유람할 목적으로 여행하는 것을 말한다. 국제관광에 대한 학자들과 국제관광기구들의 정의를 살펴보면, WTO(World Tourism Organization : 세계관광기구)는 국제관광을 "즐거움 · 위락 · 휴가 · 스포츠 · 사업 · 친지 · 업무 · 회의 ·

건강 · 연구 · 종교 등을 목적으로 방문국에서 최소한 24시간 이상 1년 이하 체류하는 행위"로 정의하고 있다. 또한 OECD(Organization for Economic Cooperation and Development : 경제개발협력기구)는 국제관광을 "인종 · 성별 · 언어 · 종교 등에 관계없이 외국의 영토에서 24시간 이상 6개월 이내로 체류하는 것"으로 정의하고 있다. 국내학자 김진섭은 국제관광을 "인간이 자국의 국경을 넘어 다시 자국으로 돌아올 목적으로 외국의 문물 · 제도 · 관습 · 산업 등을 관람 · 시찰하거나 풍경 등의 감상 · 유람을 목적으로 여행하는 것"이라고 정의하였다(김진섭, 1996 : 163).

위의 여러 국제관광기구와 학자의 정의와 같이 국제관광은 한 마디로 말해서 국경을 넘어서 일어나는 관광행위로 국내관광과는 구별된다고 할 수 있다.

2) 국제관광마케팅의 개념

국제관광마케팅은 국제 간에 있어서 변화하는 여건과 관련하여 소비자인 국제관광객(개인 혹은 단체)의 만족을 최적화하기 위해 NTO나 관광기업이 국제적인 차원에서 대상시장에 대한 조사 · 분석 · 계획 · 집행 · 통제를 행하는 체계적이고 통합된 시장활동이라고 정의할 수 있다(박상수, 2004 : p. 388).

일반적으로 국제관광 마케팅활동이라 함은 자국민들의 해외여행 촉진을 위한 아웃바운드(outbound) 마케팅을 의미하는 것이 아니라 외국인들이 자국을 관광하는 인바운드(inbound) 마케팅을 의미하는 것이다.

사례 중국대륙 평정하나 '농심의 힘'

신라면 · 새우깡 등 브랜드 파워로 시장 공략

-10년 새 매출액 2.4배, 순익 12.5배 커져

'매운 걸 못 먹으면 사나이 대장부가 아니다.' 이 이색적 사나이론(論)은 국내 라면 시장을 평정한 '신(辛)라면'의 중국 TV광고 내용이다. 중국인들은 매운 것을 잘 먹지 못한다고 한다. 그럼에도 불구하고 오히려 매운 맛을 강조한 것은 제품 맛에 대한 회사의 자신감에 비롯됐다. 신라면의 매운 맛을 이기지 못하면 사나이라고 자부하지 말라는 배짱 좋은 내용이지만, 중국 내에서 신라면 매출은 갈수록 늘고 있다.

광고 때문일까. 신라면은 중국 내 한국 제품 중 식품분야 인지도 1위를 차지하고 있다. 음식대국인 중국인 식성을 바꿀 정도로 브랜드 파워를 자랑하는 신라면의 생산업체는 농심(대표 이상윤)이다. 자사 제품에 대한 자신감은 최근의 불황조차 무색하게 만들고 있다.

세계적 불황으로 국내외 기업들이 허덕이는 요즘, 농심은 오히려 성장세를 과시하고 있다. 올 상반기 매출액과 순이익은 지난해보다 오히려 늘었다.

상반기 매출액은 7,169억 원으로 지난해 상반기(6,412억 원)보다 11.8% 늘었다. 순이익의 증가세는 더욱 두드러져 올 상반기 실적(609억 원)은 지난해 같은 기간 실적(410억 원)보다 무려 48.5% 증가했다. 올해 매출 목표(1조 5,000억 원)도 당연히 지난해 실적(1조 3,3396억 원)보다 늘려 잡았다.

시간을 확대해 10년 전인 1993년과 비교하면 매출액은 5,648억 원에서 2.4배(지난해 1조 3,396억 원) 규모로, 순이익은 64억 원에서 12.5배(지난해 800억 원) 규모로 커졌다.

농심이 최근 불어닥친 불황이란 파고를 극복할 수 있었던 비결은 무엇일까. 무엇보다도 강력한 브랜드력을 유지하고 있는 주력제품들의 활약이 지속되고 있기 때문이다.

무엇보다도 맛으로 승부

지난해 한국인들이 먹어치운 라면은 무려 37억 개에 달한다. 1인당 평균 80개다. 이 중 농심의 라면이 70%를 차지했다. 한국인들은 라면을 먹을 때면 농심 라면을 먹는다고 해도 과언이 아니다. 그 중에서도 신라면이란 막강한 제품의 위상은 흔들림이 없다. 신라면의 연간 매출액은 2,900억 원(2002년)으로 회사 전체 매출액의 21.6%나 차지하고 있다. 전체 라면시장에서 차지하는 비중은 23%에 이른다.

회사도 마케팅전략에서 신라면의 브랜드 파워를 앞세우고 있을 정도다. 가령 바둑의 탄생지란 자부심이 대단한 중국인들을 겨냥, 1999년 '농심 신라면배 세계 바둑 최강전'을 창설하면서 트로피 이름을 신라면배(杯)라고 명명한 것은 대표적 사례다. 최호민 홍보과장은 "회사 이름보다 브랜드를 앞세운 것은 바둑이란 공통점 외에 라면 최대 소비국인 중국, 일본, 한국 등지에서 신라면의 인지도를 높이기 위한 것"이라고 말했다.

농심은 모든 제품에서 넘버원(No.1) 브랜드 전략을 지향하고 있다. 넘버원 브랜드 전략을 고수하는 것은 유통업체들과 긴밀한 협력체제를 구축할 수 있기 때문이다. 잘 팔리는 제품은 유통업체에도 이익이 되는 만큼 유통업체 스스로 판매를 늘리려고 애쓴다는 설명이다. 넘버원 제품의 확대가 불황을 이기는 비결인 것이다.

농심의 넘버원 브랜드 전략은 라면에만 해당하는 것이 아니다. 두 번째 주자는 새우깡이란 스낵이다. 1971년 국내 최초의 스낵으로 탄생한 새우깡은 먹어보지 않은 한국인이 없을 정도의 인기를 자랑한다. 회사 전체 매출의 4.5%(600억 원 · 2002년)를 차지하고 있다. 이 밖에 자장 스타일의 라면인 짜파게티, 용기면인 육개장 사발면, 신라면 컵, 신라면 큰사발면, 우동류인 생생우동도 모두 해당 분야의 넘버원 브랜드이다.

식품이 업계에서 1위를 차지하는 것은 하루아침에 이뤄지지 않는다. 식품은 무엇보다도 맛에서 승부가 갈린다. 소비자의 눈길을 끄는 광고나 새로운 마케팅 전략으로 잠시 반짝 뜬다고 해도 맛이 뒷받침해주지 않으면 오래가지 못한다. 가령 라면의 맛을 좌우하는 수프 생산을 위해 농심은 경기도 안성에 최첨단 설비의 수프 전문공장을 갖추고 고품질의 제품을 생산하고 있다. 이를 위해 100여 명의 연구진이 맛개발을 위해 밤낮 없이 혀를 혹사시키고 있다.

불황 극복의 두 번째 요인은 신제품 개발력이다. 신제품으로 새로운 시장을 만들거나 개척하는 것도 불황을 이기는 원동력이다. 무파마탕면 등 고급

라면으로 새로운 시장을 만들어 키우고, 제주 삼다수, 웰치 포도주스, 햅쌀밥 등으로 새로운 시장을 꾸준히 개척한 것이 올 상반기 매출액과 순이익의 증가를 가져왔다는 설명이다.

하지만 맛이나 제품개발만으로는 승부를 가를 수 없다. 맛이 아무리 좋아도 경쟁제품에 비해 너무 비싸면 곤란하다. 중국에서 신라면은 2,8위안(389원)으로 1~2위안(139~278원)인 다른 제품보다 비싸게 팔리기는 하지만 마냥 비쌀 수만은 없다.

제품 원가를 낮추기 위한 생산성 향상은 불황 극복의 또 다른 원천이다. 생산성 향상 노력은 엄청난 생산력 증대를 가져왔다. 전 공정을 완전 자동화시킨 라면 초고속 제조설비의 도입으로 과거 1분에 250개 포장하던 것이 지금은 무려 600개를 포장한다.

판매력 강화에도 주력

판매력 강화 역시 빼놓을 수 없다. 시장에서는 제품의 질이 뛰어난 것만으로 매출을 마냥 늘릴 수는 없다. 판매력이 뒷받침돼야 한다. 판매력 제고를 위해 농심은 2001년부터 21세기형 영업혁신 시스템을 새로 가동하고 있다.

21세기형 영업시스템이란 무엇인가. 회사 측 설명을 들어보자. "21세기형 영업혁신 시스템은 과거 단순히 현장에서 주문을 확인하는 것과는 차원이 다릅니다. 인터넷 등 새로운 통신수단을 활용해 현장에서 주문까지 완벽하게 처리하는 것입니다. 현장이 사무실이 되는 '이동 사무실(모바일 오피스)' 개념입니다."

새로운 영업시스템은 당연히 영업경쟁력 강화로 이어지고 있다. 제품을 공장에서 최종 소비지까지 신속하게 운반하는 물류시스템 개선도 불황 극복에 한몫하고 있다. 국내 최초로 인공위성을 이용한 자동차량추적관리시스템(AVLS)은 최적의 배달루트 개발, 도착예정시간의 전산화 등에 활용하고 있다. 새로운 시스템은 최근 차량증가로 갈수록 힘들어지는 배달 문제와 수송비 증가 문제를 한꺼번에 푼 해결사라는 설명이다. 농심은 국내 시장 평정에 이어 최근 중국 등 외국 시장 개척에 더욱 힘을 쏟고 있다. 우선 총력을 기울이고 있는 곳은 중국 시장이다. 13억 인구가 라면에 맛을 들인다면 엄청난 성장은 불문가지다. 현재 중국은 연간 192억 개를 소비하고, 연평균 27%의 성장세를 보이는 세계 최대 라면 시장이다. 그러나 1인당 라면 소비는 연간 15개로 한국보다 훨씬 적어 시장 잠재력은 무척 큰 상태다.

농심의 중국 시장 진출은 1996년 중국 상하이가 1호이다. 이어 1998년 칭다오에 농수산물 가공 및 수프 생산을 하는 제 2공장을 완공했으며 2000년 11월 중국 선양에 라면과 스낵 공장을 가동했다. 농심은 대도시 중산층 이상을 주 공략대상으로 삼고, 가격도 시장 최고 수준으로 책정하는 고가전략을 구사하고 있다. 고급이미지 유지를 통해 시장을 개척하겠다는 전략이다.

내년엔 미국에도 공장을 설립한다. 미주 지역 수출이 늘어남에 따라 시장의 수요에 신속하게 대응하기 위해 LA 근교에 공장을 설립하기로 했다는 설명이다. 미국 공장은 단순히 교민만이 아니라, 라면 맛을 즐기기 시작한 아시아계, 중남미계, 나아가 유럽계 민족을 겨냥하고 있다.

라면의 본고장 일본인들 사이에도 신라면의 성과가 드높다는 것이 회사 측 자랑이다. 과거 일본인들이 한국 관광을 왔을 때 사 가는 것은 김이었으나 지금은 신라면과 김치라는 것이다. 농심은 해외의 인기에 힘입어 70여 개국에서 라면을 중심으로 1억 달러(11,150억 원)의 매출을 올릴 계획이다.

자료 : 주간조선, 2003. 10. 9

3 국제관광마케팅의 절차

1) 국제관광 시장조사

국제마케팅 활동의 가장 우선되는 절차는 시장조사(market research)이다. 시장조사의 대상이 외국인 또는 외국의 환경이기 때문에 시장의 특성에 대한 정확한 인식이 없이는 시장조사는 무의미해지고 만다. 즉 국제관광에 있어 시장조사는 국제관광 수요시장의 환경 및 관광동향을 조사하고 연구하여 관광객이 무엇을 원하는지를 찾아내는 것이다. 국제관광환경은 국내관광환경과 달리 매우 다양하고 복잡하기 때문에 각각의 시장 특성을 파악하는 것이 중요하다.

2) 국제관광시장 마케팅계획

국제관광마케팅에 있어서 두 번째 절차는 국제관광시장 마케팅계획을 수립하는 것이다. 이는 잠재관광객이 모여 있는 특정시장을 목표로 하여 마케팅목표를 명시하고, 이에 따른 수단을 활용하여 시간과 장소 및 노력에 따라 추진되어야 하는 시장활동의 예측계획을 의미한다. 마케팅계획은 기업경영활동의 미래지향적 설정을 의미하는 것으로서 목표의 설정과 기본계획의 수립 및 계획의 평가 등의 절차로 진행된다.

3) 국제관광시장 마케팅활동

국제관광시장의 마케팅활동으로는 국제관광시장의 촉진활동을 들 수 있는데, 이는 대상의 해외시장에 대하여 관광시장 · 관광대상 · 관광특성 · 관광시설 등에 대하여 정확한 지식을 제공하고 독특한 관광매력을 전파시킴으로써 고객에게 관광동기를 일으키게 하고 관광의욕을 자극시키는 각종 촉진활동을 실시하는 것을 의미한다(박상수, 2004 : pp. 389~401 참조)

제 08 장

국제관광기업

1. 여행업
2. 호텔업
3. 항공산업의 이해

제8장 ›››

국제관광기업

1 여행업

1) 여행업의 이해

(1) 여행업의 출현

여행업의 시초에는 여러 가지 다양한 견해가 있지만 근대적인 여행업의 출현에 대해서 일반적으로 토마스 쿡(Thomas Cook)을 실질적인 여행업의 시초로 보는 견해들이 많이 있다. 토마스 쿡은 1845년 영국에서 본격적으로 여행업을 시작하였는데 초창기의 여행사는 철도, 버스, 기선 표만을 판매하였으나 항공수단의 발달로 본격적인 여행업이 시작되었다고 할 수 있다.

1845년 영국에서 토마스 쿡사가 설립된 이후 1850년에 미국에서 아메리칸 익스프레스사가 설립되었으며, 아시아에서는 1912년 일본에서 일본교통공사(JTB : Japan Travel Bureau)가 설립되었다.

우리나라 여행업의 시초는 1912년 12월 일본국의 일본교통공사 조선지부가 설립, 운영된 것으로부터 시작되었다. 당시 일본교통공사의 주된 설립목적은 일본국에 외국인을 유치하고 내방객에게 편의를 도모해 주는 한편, 일본인들의 한반도 이민업무 그리고 식민지화를 위해 필요한 업무를 지원, 제공해 주는 데 그 목적을 두었다.

우리나라에 지부로 설립되어 운영되어 온 일본교통공사의 조선지부는 일본국의 침략야욕 확대와 함께 활발히 활동해 오던 중 1945년 8월 15일, 광복을 계기로 한국인 직원들이 재산과 관리일체를 인수받게 되었고, 같은 해 10월에는 조선여행사라는 이름으로 여행사를 설립, 운영하였다.

1949년 조선여행사는 사단법인 대한여행사로 개명하게 되었고 한국전쟁으로 업무가 일시 중단되었다가 1953년 휴전과 함께 12월 재발족되었다. 대한여행사는 1962년 발족된 한국관광공사에 1963년 2월 1일 흡수·합병되었으며, 1973년 6월31일 민영화됨으로써 현재의 대한여행사라는 명칭으로 우리나라 여행사의 효시가 되었다(변우희 외, 2002 : pp. 115~116).

(2) 여행업의 개념

최근 여행업은 여가시간의 증대, 소득의 증가, 교통수단의 발달 등으로 인하여 빠른 속도로 성장하고 있는 업종 중 하나라고 할 수 있다. 여행업의 개념에 대한 정의는 다양하지만 여행업은 일반적인 개념과 법률적인 개념으로 나누어서 생각할 수 있다. 먼저 법률적으로 살펴보면 관광진흥법상에서 여행업은 “여행자 또는 운송시설·숙박시설 기타 여행에 부수되는 시설의 경영자 등을 위하여 당해 시설이용의 알선이나 계약체결의 대리, 여행에 관한 안내, 기타 여행의 편의를 제공하는 업"이라고 정의되고 있다. 일반적인 관점에서의 여행업을 정의해보면 여행업이란 운송시설 · 숙박시설업자 등과 같이 여행자들을 대상으로 사업을 운영하는 시설업자와 이를 이용하게 될 여행자와의 중간의 위치에서 여행자를 위하여 예약 · 수배 · 알선 등과 같은 서비스를 고객들에게 제공하고 시설업자들로부터 일정한 비율의 수수료(commission)를 받는 사업이라고 할 수 있다.

2) 여행업의 특성

여행업의 특성은 다양한 관점에서 설명될 수 있지만 다른 업종과 비교해볼 때 여행업만의 경영적인 특성을 종합적으로 살펴보면 다음과 같은 특성을 갖는다고 할 수 있다.

(1) 입지의존성

디지털경제의 도래와 그 중심에 있는 인터넷사용의 일반화로 모든 산업에서 오프라인(offline)에 대한 의존도가 줄어들고 온라인(online)에 대한 의존도가 급속하게 증가하고 있다. 이러한 경영환경 하에서도 여행사는 다른 업종과 비교해서 고객들이 찾기 쉬우면서도 고객의 눈에 잘 띄는 곳에 위치해야 한다는 특성을 갖는다. 그래서 대부분의 여행사는 대도시의 중심가에 위치하고 있다. 여행업에 있어서 입지의존적 특성이 중요시되는 이유는 여행사의 입장에서 고객들의 접근 용이성이 여행사의 매출에 직접적으로 영향을 미치기 때문이다. 특히 아웃바운드의 경우

잦은 해외출장으로 항공권의 수요가 많은 기업체들이 밀집되어 있는 지역이나 여권 및 비자수속이 용이한 대사관 근처에 위치해야 보다 더 경쟁력을 가질 수 있다고 할 수 있다.

또한 여행업은 다른 업종에 비해 신용이 중요시되는 업종이기 때문에 여행사의 위치와 규모가 신용도에 미치는 영향도 크다고 할 수 있다.

(2) 노동집약적 산업

여행업은 다른 서비스산업과 마찬가지로 인적자원에 대한 의존도가 매우 높은 노동집약적 산업이다. 이렇게 여행업이 노동집약적 산업인 이유는 여행업의 주요업무로 여행상품기획 및 개발업무, 상담업무, 수속대행업무, 예약 및 수배업무 등이 있는데 이러한 업무들이 여행업의 특성상 업무의 자동화가 이루어지기 어렵기 때문이다. 또한 여행업은 소비자들의 욕구가 다양하고, 여행상품의 특성상 모방이 용이하기 때문에 제품들 간의 차별화가 어려워 결국 인적자원의 서비스가 상품의 품질을 결정하는 중요한 요소가 되기 때문에 다른 업종에 비해 상대적으로 인적자원에 대한 의존도가 매우 높다고 할 수 있다.

(3) 과당경쟁구조

여행업은 다른 업종에 비해서 상대적으로 소자본 창업이 가능하다. 따라서 계속해서 많은 업체가 생겨나기도 하고 문을 닫기도 한다. 그렇기 때문에 다른 업종에 비해서 시장진입장벽이 낮기 때문에 경쟁이 더욱 치열하다고 할 수 있다.

또한, 여행상품은 모방이 용이하기 때문에 특화된 상품이나 서비스품질로 경쟁을 하는 것이 아니라 가격이 중요한 경쟁력이 되고 있기 때문에 더욱더 치열한 경쟁이 일어나고 있다고 할 수 있다.

(4) 계절적 수요탄력성

여행업은 계절적, 요일적, 시간적 요인 등에 의해 집중성이 강한 업종이기 때문에 성수기와 비수기의 수요탄력성이 매우 높다. 일반적으로 방학기간과 주말에, 계절적으로는 겨울보다는 봄 · 가을에 여행수요가 집중되어 있으며 국외여행은 자녀들이 방학을 하게 되는 여름과 겨울에 집중되는 현상을 보이고 있다. 여행사들은 여행상품의 가격차별화와 여행조건의 차별화 등을 통하여 수요의 탄력성에 적절하게 대처할 수 있는 여행상품의 개발이 필요하다.

(5) 신용사업

여행업은 유형의 상품이 아닌 무형의 상품을 판매하고 서비스를 제공하기 때문에 더욱 신용이 중시되고 있는 업종으로서 여행업의 특성 중 신용사업은 여행소재공급업자인 시설업자와의 신용관계와 소비자인 여행객과의 신용문제 두 가지로 나누어서 생각할 수 있다.

신용은 여행사의 사업성을 좌우할 수 있는 중요한 요소로써 소비자들은 여행상품을 구매할 때 선불로 여행경비를 지불하고 있으며 여행관련 소재업자도 여행사에 대한 신뢰성을 바탕으로 공급량을 조절하고 있기 때문에 여행사를 운영하는데 있어서 신용은 사업의 성공과 실패를 결정하는 가장 중요한 요소 중 하나라고 할 수 있다.

(6) 낮은 위험부담률

여행업은 다른 관광사업에 비해 고정자본의 투자가 적기 때문에 경영 실패로 인한 위험부담률이 상대적으로 매우 낮다고 할 수 있다. 현재 관광진흥법에 규정된 법적 자본금이 일반여행업 3억 5천만 원, 국외여행업 1억 원, 국내여행업 5천만 원이지만 설립자본금은 사무실 임대보증금 등의 설비자본과 운영자금을 포함한 것이며, 등록신청 시 납입자본금을 증빙하기 위한 금액으로 볼 때 사무실 임대와 사무실 설치를 위한 집기, 비품과 사무기기 등을 갖출 수 있는 설비자본금만 가지고도 여행업을 개업할 수 있다. 또한 여행상품도 대부분 주문생산방식이기 때문에 재고나 먼저 투자할 것에 대한 염려를 하지 않아도 되기 때문에 타 업종에 비해 위험부담률이 낮다고 할 수 있다.

사례 고유가-환율급락에 "직격탄"

해운-유화업계, 1분기 영업이익 급감

삼성, LG전자도 고전...내수업체는 선전

유가 급등과 환율 하락으로 국내 기업들의 1분기 실적이 직격탄을 맞았지만 신(新)시장을 개척하거나 위험 관리를 해온 업체들은 비교적 양호한 실적을 올렸다. 해운업계는 유가환율에다 컨테이너선 운임 하락이란 3대 악재를 맞아 1분기 실적이 크게 악화됐다. 한진해운의 올해 1분기 영업이익은 지난해 같은 기간보다 81.7% 급감한 309억 원을, 순이익은 57.9% 줄어든 611억 원을 각각 기록했다. 매출도 0.3% 감소한 1조 4,316억 원을 기록했다.

현대상선의 1분기 영업이익도 979억 원으로 35% 줄었다.

서진희 SK증권 애널리스트는 "국내 해운사들의 운임 수입은 100% 달러로 잡혀 원화 강세가 실적에 치명적이며, 원료인 벙커 C유가 오른 것도 부담"이라고 말했다.

석유화학업계도 유가 환율 이외에 원자재인 나프타 가격 상승이 겹쳤다.

한화석유화학은 8일 올 1분기에 매출 5205억 원, 영업이익 283억 원, 순이익 407억 원을 기록했다고 밝혔다. 매출은 6% 영업이익은 68.4%, 순이익은 61.1%가 각각 감소했다. 나프타 가격은 지난해 말보다 t당 100달러 이상 급등, 최근에는 630달러선을 넘어섰다. 하지만 어닝 서프라이즈(깜짝 실적)에 근접하는 양호한 실적을 기록한 업체도 많다.

일진전기는 신규 사업인 매연저감장치, 경전철사업 등에서 본격적인 매출이 발생하면서 1분기 실적이 좋았다. 일진전기는 8일 "1분기에 매출액 1,461억 원, 영업이익 59억 원, 당기 순이익 37억 원을 기록했다"면서 "매출액은 39.9%, 영업이익과 당기순이익은 23.6%와 63.9% 증가했다"고 밝혔다.

최진용 일진전기 사장은 "원자재가격 상승 및 환율 하락에 미리 헤지 등을 통해 위험 관리를 했다"고 말했다.

삼성전자와 LG전자가 1분기에 고전한 것과는 달리 LCD(액정소자) 부품업체인 금호전기는 납품량 증가로 1분기 매출(725억 원)이 68.7% 증가했다. 영업이익(144억 원)은 172.2%, 당기순이익(107억 원)은 212.2%나 증가했다.

대한항공도 국제 유가는 올랐지만 유류할증료(유가 인상에 따라 항공요금에 추가로 징수하는 요금)가 높아졌고 화물 수송량이 늘어나 매출(1조 8349억 원)은 7.8%, 영업이익(911억 원)은 49.3%, 당기순이익(1273억 원)은 114.7% 각각 늘어났다.

환율과 유가에서 상대적으로 자유로운 내수업체들도 비교적 안정적인 실적을 기록했다. 현대백화점은 1분기에 매출이 2.9%, 영업이익은 5.5%, 순이익은 10.3% 각각 증가했다.

하지만 현대차, 현대모비스, 한국타이어, 두산인프라코어 등 대부분의 업체들은 매출, 영업이익, 경상이익, 순이익이 서로 엇갈리는 혼조세의 실적을 기록했다.

자료 : 2006. 5. 9 조선일보

3) 여행업의 분류

여행업은 일반적으로 여행업의 사업범위와 대상에 따라 일반여행업, 국외여행업, 국내여행업으로 분류할 수 있다. 또한, 유통형태에 따라 모든 여행업무를 취급하는 종합여행사, 다른 여행사에 도매만을 취급하는 도매형 여행사, 소매업을 하는 소매형 여행사, 여행상품의 조성부터 판매까지 일괄적으로 취급하는 직판형 여행사로 분류 할 수 있다.

(1) 여행업법에 의한 분류

✱ 일반여행업

일반여행업은 내국인의 국내여행과 국외여행(outbound tour) 알선업무 뿐만 아니라 외국인을 대상으로 국내여행을 유치하고 안내하는 업무(inbound tour)까지 수행하는 종합적인 여행업을 말한다.

✱ 국외여행업

국외를 여행하는 내국인을 대상으로 하는 여행업을 말한다.

✱ 국내여행업

국내여행업이란 내국인에게 국내여행상품을 개발하여 판매할 뿐만 아니라 이를 알선하고 안내하는 여행업을 의미한다. 즉 국내를 여행하는 내국인을 대상으로 하는 여행업을 말한다.

(2) 유통형태에 의한 분류

✱ 종합여행사

여행관련 공급업자가 제공한 단위상품들을 결합하여 하나의 완전한 여행상품으로 만들어 여행소매업자 및 일반여행객들에게 판매하는 여행사를 말한다.

✱ 도매형 여행사

여행공급업자로부터 여행소재를 제공받아 직접 소비자에게 판매하는 것이 아니라 소매업자에게 판매하는 여행사를 말한다.

✱ 소매형 여행사

여행도매업자가 생산한 여행상품을 제공받아 최종소비자들에게 판매하는 여행사를 의미한다.

✱ 직판형 여행사

여행상품의 조성부터 판매까지 모두 자사에서 취급하는 여행사를 말한다.

4) 여행업의 설립과 등록

(1) 여행업의 설립 및 등록기준

여행사의 설립을 위해서는 업종별로 등록기준에 적합한 자본금이 준비되어야 하며 사무실의 소유권이나 사용권을 준비한 후 관련 구비서류를 가지고 등록관청에 가서 신고를 한 후 등록증을 교부받아 영업을 시작할 수 있다.

여행사의 자세한 설립절차는 아래와 같다.

여행업을 창업하려면 등록기준에 적합한 구비서류를 준비해서 해당관청에 등록을 해야 한다. 여행업의 업종별 등록기준은 다음과 같다.

(2) 구비서류

① 사업계획서

② 신청인(법인의 경우에는 대표자)의 성명, 주민등록번호, 본적, 호주성명 및 호주와의 관계를 기재한 서류(외국인의 경우에는 법 제7조 1항 각 호에 해당하지 아니함을 증명하는 당해 국가의 정부, 기타 권한 있는 기관이 발행한 서류 또는 공증인이 공증한 신청인의 진술로써 재외공관공증법에 의하여 당해 국가에 주재하는 대한민국공관의 영사관이 확인한 서류)

③ 법인등기부등본(법인의 경우에 한함)

④ 부동산의 소유권 또는 사용권을 증명할 수 있는 서류

⑤ 외국인투자촉진법에 의한 외국인투자를 증명할 수 있는 서류(외국인투자기업의 경우에 한함)

⑥ 관할세무서장 또는 공인회계사가 확인한 등록신청 당시의 대차대조표(개인의 경우에는 영업용 자산액명세서 및 그 증빙서류)

2 호텔업

✱ 호텔업의 개요

(1) 호텔의 개념

호텔의 어원은 라틴어의 Hospitale이라는 말에서 찾아볼 수 있는데, 이 Hospitale이라는 단어에서 Hospital, Hostel, Inn 등으로 현대에 와서 Hotel이라는 말이 되었다고 할 수 있다. Hospital이라는 단어는 현재는 병원이라는 의미로 사용되고 있지만, “Webster’s Dictionary”에서

는 "A place for shelter and rest for travelers"로 여행자의 숙박과 휴식의 장소이며, 원시적 숙박시설의 기원을 의미하고 있다. 현대적인 의미로서는 "A building or institution providing Lodging, Meals, and Service for the Public"로 호텔은 숙박과 식사 및 서비스를 일반 대중에게 제공하는 시설 혹은 그 건물 자체를 뜻한다고 볼 수 있다.

이러한 관점에서 본다면 호텔과 병원은 가장 밀접한 관련을 가지고 있으며, 병원과 호텔경영관리를 동일시하는 것도 이 때문이다. 한편 호텔업의 본 고장인 영미법률에서 살펴볼 때, 일반법은 그 개념을 다음과 같이 설명하고 있다. "호텔이란 예절바르게 받은 접대에 대한 지불능력 및 준비가 되어 있는 모든 사람들에게는 시설의 여유가 있는 한 수용이 허락되며, 체재기간 및 보상의 율 등에 관한 약정없이 체재 중에 타당한 대가를 지불하면 식사 · 침실 등이 제공되며, 그 집을 임시적인 가정으로 이용하는데 필연적으로 부수되는 서비스와 관리를 받을 수 있는 장소이다"(A place where all who conduct themselves properly, and who, being able and ready to pay for their entertainment, are received, if there be accommodation for them, and who without any stipulated engagement as to the duration of their stay or as to the rate of compensation, are while their supplied at a resonable cost with their meals, lodging, and such services and attention as are necessarily incident to the use of the house as a temporary home).

(2) 호텔의 분류

관광진흥법에서 제정한 관광숙박업의 분류와 호텔업과 관련된 정의는 다음과 같다.

✱ 법규에 의한 분류

호텔업은 관광호텔업, 수상관광호텔업, 한국전통호텔업, 가족호텔업의 4가지로 분류되고 있으며, 관광호텔업은 다시 종합관광호텔업과 일반관광호텔업으로 나눌 수 있다. 관광진흥법상에서 호텔업은 다음과 같이 정의된다. "관광객의 숙박에 적합한 시설을 갖추어 이를 관광객에게 제공하거나 숙박에 부수되는 음식 · 운동 · 오락 · 휴양 · 공연 또는 연수에 적합한 시설 등을 함께 갖추어 이를 이용하게 하는 업."

• 종합관광호텔업

관광객의 숙박에 적합한 시설을 갖추어 이를 관광객에게 이용하게 하고 숙박에 부수되는 음식 · 운동 · 오락 · 휴양 · 공연 또는 연수에 적합한 시설 등(이하 "부대시설" 이라 한다)을 함께 갖추어 이를 관광객에게 이용하게 하는 업을 말한다. 종합관광호텔업의 등록기준은 욕실 또는 샤워시설을 갖춘 객실이 30실 이상이어야 하며, 외국인에게 서비스제공이 가능한 서비스체제를 갖추어야 한다. 또한 부동산의 소유권 또는 사용권이 있어야 한다.

• 일반관광호텔업

관광객의 숙박에 적합한 시설을 갖추어 이를 관광객에게 이용하게 하거나 숙박에 부수되는 음식 · 운동 · 휴양 또는 연수에 적합한 시설을 갖추어 이를 관광객에게 이용하게 하는 업을 말한다. 일반관광호텔업의 등록기준은 욕실 또는 샤워시설을 갖춘 객실이 30실 이상이어야 한다. 외국인에게 서비스제공이 가능한 서비스체제를 갖추고 있어야 하며, 관광숙박시설 등에 관한 특별법의 규정에 의한 지정 숙박업자의 지정기준을 갖추고 있어야 한다.

- 수상관광호텔업

수상에 구조물 또는 선박을 고정하거나 계류시켜 놓고 관광객의 숙박에 적합한 시설을 갖추거나 부대시설을 함께 갖추어 이를 관광객에게 이용하게 하는 업을 말한다.

- 한국전통호텔업

한국전통의 건축물에 관광객의 숙박에 적합한 시설을 갖추거나 부대시설을 함께 갖추어 이를 관광객에게 이용하게 하는 업을 말한다.

- 가족호텔업

가족단위의 관광객의 숙박에 적합하도록 숙박시설 및 취사도구를 갖추어 이를 관광객에게 이용하게 하거나 숙박에 부수되는 음식 · 운동 · 휴양 또는 연수에 적합한 시설을 함께 갖추어 이를 관광객에게 이용하게 하는 업을 말한다.

- 휴양콘도미니엄업

관광객의 숙박과 취사에 적합한 시설을 갖추어 이를 당해 시설의 회원 · 공유자 · 기타 관광객에게 제공하거나 숙박에 부수되는 음식 · 운동 · 오락 · 휴양 · 공연 또는 연수에 적합한 시설 등을 함께 갖추어 이를 이용하게 하는 업을 말한다.

✱ 규모에 의한 분류

호텔의 규모에 의한 분류는 일반적으로 소규모 호텔은 150실 이하, 중규모호텔은 150실 이상 300실 미만, 대규모 호텔은 300실 이상으로 구분하지만, 대부분의 호텔이 300실 이상의 대규모 형태로 호텔을 운영하고 있다.

✱ 입지에 의한 분류

• 도시호텔

도시호텔(city hotel)은 비즈니스와 쇼핑 등의 목적으로 운영되는 도시의 중심가에 위치한 호텔로 상용과 공용 혹은 도시를 방문하는 관광객들이 많이 이용하고 있다.

• 휴양지호텔

휴양지호텔(resort hotel)은 휴식 · 보양 · 여가를 목적으로 여행하는 관광객을 대상으로 하는 호텔로서 휴식과 심신을 단련할 수 있는 시설을 갖추고 관광객을 유치하고 있으며, 시설이나 규모가 대형화되고 있는 추세이다.

• 터미널호텔

터미널호텔(terminal hotel)은 주로 공항 · 철도역 · 항구 주변에 위치한 호텔로서 교통수단을 이용하는 여행객들을 대상으로 하는 호텔이다. 이와 같이 터미널 호텔은 교통수단이 항공 · 선박 · 철도 · 버스 등이 출발하고 도착하는 곳의 부근에 위치하므로 관광객은 물론 교통기관의 승무원들이 자주 이용하게 되는 호텔이다.

✱ 숙박목적에 의한 분류

• 상용호텔

상용호텔(commercial hotel)은 주로 도심지 및 상업지역에 위치하여 사업상 혹은 사교 등의 목적을 가진 투숙객 및 방문객을 대상으로 하는 호텔이다.

• 거주형 호텔

거주형 호텔(residential hotel)은 보통 1개월 이상 장기체류객을 대상으로 하는 주택형 호텔을 말한다.

• 카지노호텔

카지노 호텔(casino hotel)은 호텔 내에 부대시설로서 도박시설(gambling)을 갖추어 놓고 도박을 위한 고객을 유치하는 호텔을 말한다.

(3) 호텔의 기능

✱ 숙박 및 식음료 서비스 기능

거주지를 떠나 여행하는 사람들에게 고객의 능력과 취향에 따라 다양한 숙박 및 식음료 서비스를 제공하는 기능을 말한다.

✱ 비지니스 서비스 기능

상담 · 회의 · 전시 · 교역전 등의 장소를 제공하고 비즈니스를 위하여 호텔을 이용하는 고객들의 편의를 위한 비즈니스 정보교환과 비서 업무 등의 서비스를 제공하는 기능을 의미한다.

✱ 스포츠 · 레저 기능

고객들에게 놀이 · 위락 · 기분전환 등의 정서함양을 위한 서비스를 제공하는 기능이다.

✱ 문화 서비스 기능

고객을 위한 부가적인 서비스로서 향상된 고객의 지적 수준과 다양해진 고객의 취미활동을 위하여 기본적인 기능 이외에 교육 · 예술 · 공예 · 학습 등의 문화적인 서비스를 제공하는 기능을 말한다.

사례 오리엔탈 호텔

세계 최고의 교통지옥 방콕에는 세계 최고의 호텔이 있다. 10여 년 연속 세계 최고의 호텔로 뽑힌 오리엔탈 호텔은 처음 보는 이로 하여금 실망을 안겨줄 만큼 허름한 외관에 규모 또한 서울의 일반호텔과 비교하여 그리 크지 않다. 이런 보잘 것 없는 외관에도 불구하고 국제금융 전문지 『인스티튜셔널 인베스터』의 세계 비즈니스맨, 관광객, 신용카드 고객대상 독자투표에서 계속 세계 최고의 자리를 지키고 있는 오리엔탈 호텔의 비결은 바로 서비스이다.

세계적으로 유명한 호텔들은 모두 최고의 시설과 서비스를 자랑한다. 그러나 오리엔탈 호텔의 서비스는 다른 굴지의 유명호텔과는 사뭇 다르다. 잠자리에 들기 전에 고객들은 "내가 당신 꿈속에 들어갈 수 있다면 당신도 내 꿈속으로 끌어들이겠소"라는 낭만적인 메모와 대나무 잎에 쌓인 자스민 꽃을 베개 위에서 발견할 수 있다. 객실 안에는 양란을 곳곳에 놓아 객실에 향기를 가득 채우고 꽃잎을 띄운 물이 든 유리잔과 열대과일을 놓아둔다. 과일 옆에는 "태국에는 이국적인 열대과일이 많습니다. 당신이 머무는 동안 매일 다른 종류의 과일을 드리겠습니다"라는 메모와 과일의 특징에 대한 글이 적혀 있다. 고객이 외출 때마다 새로운 과일을 놓아주고 방정리를 다시 한다. 외출 후 돌아온 고객은 깨끗이 정리된 객실을 보고 새로운 객실에 들어온 듯한 인상을 받기 때문에 장기투숙을 해도 자신의 객실에 싫증을 내지 않는다.

또한 담당 웨이트리스가 아니더라도 고객의 주문을 정확히 알고 있다. 이는 오리엔탈 호텔이 서양식의 치밀한 경영과 동양식의 따뜻한 서비스가 잘 조화되어 있다는 것을 입증한다.

방콕이 최악의 교통지옥이라는 악명이 관광산업과 호텔업에 많은 지장을 초래한다는 점을 감안하여 공항에서 가까운 강가까지 보트로 간 다음 승합차로 갈아타고 호텔에 도착하는 시스템을 주변의 호텔 등과 공동으로 운영하고 있다.

호텔을 평가하는 가장 주된 기준은 서비스이다. 서비스는 가장 훌륭한 상품이 될 수 있다. 누구든 호텔에 들어오면 손님은 자신뿐이라는 착각이 들게 만드는 것이 오리엔탈 호텔의 가장 훌륭한 서비스이며, 이러한 세심한 정성이 담긴 서비스야말로 다른 어떠한 마케팅 전략보다도 고객들의 마음을 사로잡을 수 있는 수단이 될 수 있다는 것을 오리엔탈 호텔은 보여주고 있다.

자료 : 여행신문, 2002. 2. 11 : 이명식 · 박명업, 관광서비스 마케팅, 형설출판사, 2002, p.15에서 재인용.

3 항공산업의 이해

1) 항공산업의 구분

항공산업은 정기항공과 부정기항공, 여객 · 화물 · 우편물 운송, 국내항공과 국제항공 등으로 구분할 수 있다. 먼저, 정기항공 운송산업은 미리 정해진 특정의 지점간을 일정한 일시를 정하여 화객을 운송하는 산업을 말하며, 부정기항공 운송산업은 원칙적으로 노선이나 일정표의 제한을 받지 않고 수요의 요구에 따라 운항이 가능한 지역은 어디든지 운송하는 산업을 말한다. 한편 예전에는 항공운송산업은 여객운송에 비해서 중요성이 덜 하다고 여겨졌지만 항공기의 대형화와 경제성이 향상되면서 화물운송산업도 점차 독립된 운송산업으로 성장하였다.

항공운송산업은 운송지역을 기준으로 국내와 국제항공 운송산업으로 분류할 수 있는데, 자국의 영역 내에서 항공기를 이용하여 여객 · 화물 · 우편물을 유상으로 운송하는 것이 국내항공 운송산업이며, 2개국 이상의 지역 간에 운송하는 것이 국제항공 운송산업이다.

사례 대한항공과 아시아나 : 경쟁을 통한 발전

우리나라 두 항공사 간의 경쟁은 1988년 아시아나항공이 출범한 이래 10년이 넘게 이어지고 있다. 경쟁의 양상은 대체로 기득권을 가진 대한항공에 대해 후발기업인 아시아나가 도전장을 내는 형국이었다. 형과 동생의 싸움으로 비유되기도 했다.

1995년말 아시아나는 전화 한 통화로 국내선 좌석의 예약에서 발권까지 전 과정을 마무리 할 수 있는 시스템을 개발, 서비스에 들어갈 채비를 끝냈다. 예약을 하고 신용카드번호를 알려주면 즉각 운임지불이 이뤄지기 때문에 항공권을 구입하기 위해 번거롭게 항공사나 여행사를 찾아갈 필요가 없는, 당시로서는 혁신적인 아이디어였다. 사전에 정보를 입수한 대한항공에 비상이 걸렸다.

대한항공은 관련부서에서 철야작업을 강행, 예약 발권 통합시스템 개발에 박차를 가해 아시아나와 비슷한 시기에 서비스를 하는데 성공했다. 하지만 너무 서둔 나머지 장애인 등에 대한 할인운임을 적용하지 못하는 시스템상의 오류가 발생하기도 했다.

아시아나는 1995년 5월 '아시아나 매직 마일스(Magic Miles) 카드'를 내놓았다. 부모를 따라 여행하는 2세에서 12세 사이의 어린이들이 많아지면서 이들에게도 여행거리 절반에 해당하는 마일리지를 누적할 수 있는 기회를 제공, 어린이동반 부모들의 관심을 끌어 모으자는 취지였다. 또 한 번 허를 찔린 대한항공은 1996년 6월 '스카이패스주니어'라는 카드를 만들어 어린이를 위한 마일리지서비스를 제공하기 시작했다. 아시아나항공은 이에 앞서 1994년 4월 그들의 마일리지 카드인 'ABC카드'를 원하는 고객에게 공항에서 즉석 발급하기 시작했었다.

당시 마일리지 카드 발급이 한 달 가까이 걸렸던 것을 감안하면 진일보한 서비스였다. 이에 따라 대한항공도 1995년 3월 '스카이패스카드' 의 즉석 발급을 시작했다.

승객입장에서 가장 실감나는 것은 기내식 서비스 경쟁이었다. 대한항공은 기내식 100% 한식화를 표방하며 1992년 내놓은 비빔밥이 공전의 히트를 치면서 우위를 지켜나갔다. 퍼스트클래스의 경우 아침에는 북어국이나 죽이, 점심이나 저녁에는 비빔밥이나 꼬리곰탕, 도가니탕 등이 제공됐고 간식으로 라면까지 끓여주었다. 또 설에는 떡국이, 추석에는 토란국, 송편 등이 주식으로 제공되고 음료수로는 수정과와 식혜를 내놓기도 했다. 아시아나도 이에 질세라 1996년 10월부터 퍼스트클래스의 경우 불갈비나 영광굴비를 제공하면서 기내식의 한식화 추세에 맞춰가기 시작했다.

결국 양사의 경쟁은 요금인하경쟁으로 발전하였다. 1996년 2월 대한항공은 국내선 항공요금을 5% 인하한다고 전격 발표했다. 연간 수백억 원의 수입감소를 각오한 조치였다. 1990년 이후 서비스 개선경쟁에서 '아우' 인 아시아나항공으로부터 잦은 잽을 맞던 '형' 대한항공이 이를 한꺼번에 만회하기 위해 날린 회심의 펀치였다. 아시아나는 당황했다. 따라갈 수 없는 카드였기 때문이다.

규모면에서 열세인 아시아나항공으로서는 연간 엄청난 수입감소가 불가피한 요금인하경쟁에 선뜻 뛰어들기 어려웠다. '가격이 아닌 서비스로 승부하겠다' 는 광고까지 재면서 얼마간 버텼지만 국내선 승객수가 급감하면서 울며 겨자 먹기로 일부 국내선 항공요금을 5~10% 할인하기 시작했다. 유가급등과 환차손 부담증가로 고통을 겪던 상황을 감안하면 죽기 아니면 살기의 대응이었던 것이다.

'새 비행기를 타시겠습니까, 헌 비행기를 타시겠습니까' 라는 제목의 비교광고가 등장한 것도 이즈음이었으며, 대한항공 보유 비행기의 평균기령이 8.2년으로 아시아나의 3.5년보다 많은데 착안한 헌 비행기 새 비행기 논쟁의 시작이었다. 명시적으로 대한항공을 거명하지 않았다 뿐이지 경쟁사가 헌 비행기로 3류 서비스를 하고 있는 것처럼 몰아붙인 것이다. 대한항공은 즉각고의적 비방이라며 아시아나를 공정거래위원회에 제소하는 등 반발했지만 아킬레스건격인 노후기 문제에 대한 대책을 세울 수밖에 없었다.

동시에 대한항공은 아시아나가 보유한 737기종이 수직꼬리날개 부분의 방향타 이상으로 문제가 있을 수 있다는 미 연방항공국의 지적을 들어 맞불작전을 놓는 등 안전도에 관한 싸움은 한동안 계속됐다.

양사의 또 하나의 전장(戰場)은 노선 배분이었다. 회사의 수익과 직결되는 황금노선에 대해서 한치의 양보도 없는 싸움을 벌였고 당국을 사이에 두고 지리한 공방이 계속됐다. 이스탄불 노선다툼이 대표적인 예 중 하나이다. 1996년 8월 건교부가 이스탄불, 뉴델리, 코펜하겐, 헬싱키를 오가는 새로운 항로의 개설을 해당국가와 합의한 뒤 양 사에 의견을 내도록 했다.

대한항공은 당시 취항 중이던 텔아비브와 카이로 등 중동노선과 연계운항을 통한 시너지 효과를 들어 당연히 이스탄불 노선을 따야 한다는 입장이었고, 아시아나는 중동노선의 거점확보를 위해서 반드시 배분받아야 한다고 버텼다. 칼자루를 쥔 건교부로서도 쉽게 결론을 내기 어려웠다. 섣불리 직권으로 노선배분을 했다가 한쪽이 반발할 경우 심각한 후유증이 따를 것이 분명했기 때문이다. 반년이 넘게 고민한 뒤 건교부의 결론은 이스탄불은 아시아나에 주지만 나머지 노선들은 대한항공에 주는 타협안으로 일단락 지었다.

두 날개의 각축은 경쟁과 발전이라는 두 개의 얼굴을 갖고 있었다. 치열한 다툼은 양 항공사의 적자로 연결됐고 출혈경쟁은 IMF사태 이후 엄청난 환차손으로 양 항공사의 모기업인 금호와 한진그룹의 경영악화로 번졌다.

경영악화와 경쟁관계를 정치권, 정부와의 관계를 통해 풀어보려는 다급함들은 다시 로비와 비자금사건 등 정경유착으로 비화하는 악순환까지 나타났다. 그러나 두 항공사가 발전을 거듭해온 것은 다름아닌 경쟁 덕분이다. 두 항공사는 앞서거니 뒤서거니 해가면서 서비스의 질과 안전을 위해 노력해왔기 때문이다. 두 항공사에게 앞으로 던져진 과제는 안방을 노리고 밀려드는 외국 대형항공사의 공세에 맞서 경쟁적 우위를 굳건히 지키는 일일 것이다.

자료원 : 주간한국, 1999. 12. 2.

2) 항공산업의 특성

항공산업의 특성은 안전성, 고속성, 정시성, 쾌적성, 경제성 등을 들 수 있다(김재원, 2003 : pp. 26~40 참조). 최근 개발된 항공기들은 모두 설계 시부터 항공기의 유압 시스템이나 전기 시스템의 기본 시스템이 작동하지 않더라도 보조적으로 즉시 대체 작동되는 구조를 가지고 있다. 둘째, 항공운송의 가장 중요한 가치와 특성은 고속성에 있다고 할 수 있는데 이러한 항공운송의 고속성은 국제관광을 촉진시켜 국제교류의 대중화에 많은 기여를 하였다.

셋째, 여객운송에 있어서 항공기가 아무리 고속이라고 하더라도 항공사가 발착시간을 예정대로 준수하지 않으면 다른 교통수단을 이용하게 된다. 다른 교통수단과 비교할 때 항공기 정비가 복잡하고 기상조건에 크게 영향을 받기 때문에 정시성을 유지하는 것이 상대적으로 어렵다. 항공운송의 정시성을 측정하는 자료로서는 정기항공운송의 경유 취항률, 정시출발률, 정시도착률, 지연시간 등이 있지만, 항공사가 발표하는 시간표에는 다소 여유를 가지고 있고 기상상황에 따라 비행이 좌우되기 때문에 주로 취항률과 정시출발률이 항공시간 정시성의 자료가 되고 있다.

쾌적성의 요소로는 객실 내의 시설과 기내 서비스 및 비행상태 등 세 가지를 들 수 있는데, 항공기가 제트화 · 대형화되면서 객실 내 소음도 줄고, 여행시간도 단축되었으며, 고도비행으로 기상영향도 줄일 수 있게 되었다. 경제성은 항공운임은 상대적으로 고가이지만, 시간의 절약이라는 편익을 생각하면 상대적으로 경제성이 높다고 할 수 있다.

사례 Southwest Airlines

Southwest Airlines는 1966년 사업을 시작할 당시 텍사스주 안에 있는 댈러스, 휴스턴, 샌안토니오 세 개 도시만 운항하는 local airliner였다. 그러나 1975년 경쟁사였던 Braniff Airlines는 Southwest의 저운임에 대항할 수 있는 방안을 찾지 못하고 결국 Southwest가 취항하는 노선을 포기하게 되었다. 이후 Southwest는 Cleveland-Chicago 노선에 취항하면서 운임을 경쟁사 운임의 5분의 1에 불과한 59달러로 책정하면서 모든 고객들에게 Southwest의 저운임정책은 단지 1회성에 불과한 프로모션 형태가 아닌 정상적인 운임임을 인식시키게 되었다. Southwest는 어떻게 경쟁사보다 지속적으로 낮은 운임을 책정할 수 있었을까?

Step 1

먼저 Southwest가 지속적으로 가격우위를 지키기 위해서는 반복할 필요성이 있었다. 원가를 절감하기 위해서는 이를 달성하기 위한 운영시스템과 운영인력들의 노력들이 필요했고, 그 결과 원가우위라는 경쟁우위를 얻을 수 있었다. 이는 경쟁사에 있어서는 모방할 수 없는 장벽이 되어 Southwest에게 특정지역 시장에서의 고객점유율, 이윤을 가져다주었다. 그리고 이러한 성과는 다시 원가감소를 위해 재투자되었다. 이러한 원가절감을 위한 일련의 과정이 반복되면서 Southwest와 경쟁사의 가격격차가 벌어졌다. 그렇다면 Southwest는 어떤 마케팅활동들을 했던 것일까?

Step 2

Southwest는 먼저 항공시장에서 원가절감을 통해 성공할 수 있는 핵심성공요인을 다음과 같이 도출했다.

- 시장이 크면서도 혼잡이 덜한 운항노선을 취항
- 제한된 서비스로 원가절감
- 표준화된 항공기와 유지/보수 시스템으로 인한 원가절감
- 많은 항공편과 정시출발을 통한 수익창출과 신뢰성 유지

Southwest는 이렇게 도출된 핵심성공요인을 달성하기 위해 마케팅 전략의 수립에 착수하였다.

Step 3

STP Strategy

1972년 Southwest는 승객들을 여행목적과 패턴에 따라 크게 Business Traveller와 Leisure Traveller형으로 나누었다. Business Traveller는 여행시간 동안의 편리함과 효율적인 시간계획을 위해 여행시간에 신경을 쓰는 것으로 나타났고, Leisure Traveller는 여행경비의 부담을 줄이려는 목적으로 가격에 대한 민감도가 큰 것으로 나타났다. Southwest는 미국을 횡단하거나 외국항로를 취항하지 않는 로컬 항공사이기 때문에 장거리 운항에 따른 승객의 피로를 줄이기 위한 부담은 대형 항공사에 비하여 덜한 편이었다. 따라서 Southwest는 비즈니스를 위해 짧은 거리를 오고 가는 승객들과, 주말에 휴일을 이용해 여행을 다니는 승객들을 타겟으로 저렴한 운임을 책정하기로 하고, 요일에 따라 운임체계를 차별화하였다. 그리고 이를 소비자들에게 인식시키기 위하여 "The Low Fare Airline"이라는 컨셉으로 타 항공사와 차별화를 시도하며 이 컨셉에 부합하는 마케팅활동을 펼쳐 나갔다.

SCA-based Marketing Activities

아래 맵은 Southwest가 저원가 달성을 위해 실행했던 마케팅활동들을 일목요연하게 보여주는 그림으로 Southwest의 마케팅활동 계획을 이해하는 데에 있어서 매우 중요한 부분을 차지한다. 이제 Southwest의 구체적인 마케팅활동에 대해 알아보자. 1995년 Southwest의 항공기 1대당 평균 운항거리 394마일에 대한 편도 운임은 69달러였고, Southwest의 항공기는 하루에 한 도시에서 40회 출항하고 이를 비행기 1대로 환산하면 10회 정도로 경쟁 항공사에 비해서는 2배 많은 것이다. 이렇게 많은 편수를 운항하면서도 Southwest의 평균 기령은 약 8년으로 안전도 면에서도 가장 좋은 기록을 보유하고 있었다. 이렇게 경쟁 항공사에 비해 더 많은 편수를 운항할 수 있었던 이유는 비행기 좌석 하나당 평균비용이 업계에서 가장 낮았기 때문이었다.

Southwest는 미국 내 대형 항공사 중에서 허브(Hub)시스템을 갖고 있지 않은 유일한 회사였다. 도시와 도시 간을 왕복하는 Point-To-Point 시스템은 빠르고 편하게 목적지까지 가고자 하는 탑승객들에게는 매우 편리한 시스템이었지만, 비행기 편수가 늘어나고 그에 따른 승객들이 늘어나지 않으면

편당 운항비용이 상승하기 때문에 대부분의 항공사는 운영효율을 목적으로 목적지까지 가기 위하여 중간 기착지에서 비행기를 갈아타는 허브시스템을 사용하고 있었다.

그러나 Southwest는 이렇게 탑승객들을 다른 항공기로 갈아타게 하기 위해서는 항공기들이 공항에 머무르는 시간이 길어짐에 착안하였다. Southwest는 turnaround time, 즉 승객들이 내리고 다음 운항을 위해 다시 승객을 태우는 시간을 경쟁사의 3분의 1 수준인 15분으로 단축하였고, 승객들을 안내하는 공항 안내인력의 50%를 절감할 수 있었다. 대기시간을 줄이기 위해 예약시스템도 과감히 포기하고, 준비시간이 필요한 기내식도 제공하지 않았다. 예약시스템이 없기 때문에 먼저 티켓을 끊고도 먼저 타는 사람에게 좌석을 양보해야 하는 상황이 발생하였지만, 이에 대해 불평하는 승객들은 거의 없었다. 그만큼 하루에 운항하는 편수가 많아 다음 비행기를 기다리는 시간이 다른 항공사의 비행기를 기다리는 시간에 비해 짧았기 때문이었다. 그리고 만약 비행기를 놓치더라도 티켓을 재발급받을 필요없이 다시 사용될 수 있도록 디자인하였다. 예약시스템을 하지 않으니 빈 좌석으로 운항하는 비행기도 그만큼 줄어들게 되었다.

비행기 티켓을 파는 데 있어서도 다른 항공사처럼 여행사를 거치지 않고 공항의 자판기나 인터넷을 통해 판매하였다. Southwest는 업계 최초로 인터넷 판매를 도입한 항공사였다. 여행사에게 지급할 수수료만큼의 금액을 인하하여 티켓을 판매할 수 있었고, 여행사를 관리하는 데 드는 시스템 구축비용이나 인건비를 절약할 수 있었다.

앞서 설명하였듯이 위에서 설명한 마케팅활동 간에는 상호 연관성이 있다. 저원가라는 목표를 위해 Southwest는 먼저 작은 소도시들 간의 짧은 항로만을 운항하는 것, 비행기운영의 효율성, 지상에 근무하는 종업원들의 높은 생산성, 정시이륙과 많은 편수, 제한된 기내 서비스 등을 주 목표로 설정하였다. 이 주 목표를 위해 수많은 세분활동들이 상호 연관성을 가지고 일관되게 계획된 것이다.

예를 들어, 경쟁사와 비슷한 항공기 수로 일일 편수를 늘리기 위해서는 비행기가 자주 이륙할 수 밖에 없다.

따라서 Southwest는 착륙한 지 15분 만에 이륙을 하고, 그 짧은 시간에 기내식을 준비할 수 없기 때문에 기내식은 제공될 수 없다. 또한 사전에 예약을 받아 좌석을 배정하지 않기 때문에 제한된 기내 서비스를 할 수밖에 없는 것이다. 사전에 예약을 받지 않으니 지상에서 근무하는 직원들의 수도 줄일 수 있었고, 그 결과 다른 직원들에게 더 높은 임금을 지급할 수 있어서 직원들의 사기와 생산성도 높일 수 있었다. 이런 예약시스템을 없애기 위해서 Southwest는 공항에 있는 자판기를 이용하도록 하였고, 인터넷을 통해 티켓을 판매함으로써 예약을 받았을 때 티켓을 프린트하여 고객들에게 발송하는 비용을 없앨 수 있었다.

Southwest는 23년 연속으로 흑자를 냈던 항공사일 뿐만 아니라 불경기가 한창이던 1992년에는 미국 대형 항공사 중 유일하게 흑자를 낸 회사였다. Southwest가 이러한 성공을 거둘 수 있었던 원인은 이처럼 마케팅활동들이 일관성있고 시너지있게 계획/집행됨으로써 타항공사들이 모방할 수 없는 Operational Exceooence를 통해 원가우위(low cost)를 달성하고, 이러한 결과로 얻어지는 이익이 다시 저원가 달성이라는 목표를 위해 재투자됨으로써 지속적인 경쟁우위를 유지할 수 있었기 때문이었다.

자료 : porter, M.(2000), "What is Strategy?" Havard Business Review (February 2000)

참고문헌

강신겸 외, 동북아관광지도와 한국의 선택, 삼성경제연구소, 2005.

고석면 외, 관광정책론, 대왕사, 2001.

김광근 외, 관광학원론, 백산출판사, 2004.

김도희, 관광학개론, 백산출판사, 2003.

김성용, 관광마케팅, 기문사, 2006

김성용, 여행사경영론, 기문사, 2006

김성혁, 관광마케팅의 이해, 백산출판사, 2000.

김영규, 여행사경영과 실무, 대왕사, 2001.

김영규, 여행사실무론, 대왕사, 2003.

김재원, 항공사경영론, 기문사, 2004.

김종의 외, 마케팅, 형설출판사, 2003.

김진섭, 관광학원론, 대왕사, 1996.

문준연, 마케팅원론, 명경사, 2003.

박기홍 외, 디지털경제와 인터넷혁명, 을유문화사, 2000.

박상수, 국제관광원론, 형설출판사, 2004.

박호표, 신관광학의 이해, 학현사, 2004.

박흥수 · 하영원, 신제품마케팅, 학현사, 2004.

변우희 · 최학수 · 노정철, 실전관광사업론, 형설출판사, 2002.

사단법인 한국마케팅연구원, 마케팅 실천성공살례집II, 2002.

신혜숙, 호텔 · 관광마케팅, 대왕사, 2004.

안광호 · 김동훈 · 김영찬, 시장지향적 마케팅전략, 학현사, 2005.

양영종 · 김상훈 · 정걸진, 디지털시대 광고론, 형설출판사, 2003.

이명식, 서비스마케팅, 형설출판사, 2004.

이문규 · 안광호 · 김상용, 인터넷마케팅, 법문사, 2004.

이우용 · 정구현 · 이문규, 마케팅원론, 형설출판사, 2003.

이유재, 서비스마케팅, 학현사, 2004.

이정실, 외식기업경영론, 기문사, 2002.

이정학, 관광마케팅, 기문사, 2003.

이철 · 장대련, 국제마케팅, 학현사, 1999.

임창희, 조직행동, 학현사, 2001.

장대련 · 한민희, 광고론, 학현사, 2002.

장세진, 경영전략, 박영사, 2003.

장세진, 글로벌경영, 박영사, 2004.

전용욱 외, 국제경영, 문영사, 2003.

정규엽, 호텔 · 외식 · 관광마케팅, 연경문화사, 2004.

채서일, 마케팅, 학현사, 2004.

최승이 · 이미혜, 국제관광론, 대왕사, 2001.

최태광, 관광마케팅, 백산출판사, 2002.

한상만 · 하영원 · 장대련, 마케팅전략, 박영사, 2004.

황현철 · 김규헌 · 윤정헌, 21세기 여행업경영론, 기문사, 2003.

Aaker, David A., Strategic Market Management, 6th ed., John Wiley, 2001.

American Marketing Association, "AMA Board Approves New Marketing Definition," Marketing News, March 1, 1985.

Barlett, C. and S. Ghoshal, Managing Across Borders, Harvard Business School Press, 1989.

Berry, Leonard L, A. Parasuraman, and Valarie A. Zeithmal, "Understnading Customer Expectations of Services", Sloan Management Review, 1991.

De la Sierra, M. Cauley, Managing Global Alliance: Key Steps for Successful Collaboration, Addison Wesley, 1995.

Garvin, David A, "Competing on the Eight Dimensions of Quality", Harvard Business Review, November/December, 1987.

Hofstede, Geert, "National Culture in Four Dimensions: A Research Theory of Cultural Differences Among Nations", International Studies of Management and Organization, 13, Spring-Summer, 1983.

Lovelock and Christopher H., "Classifying Services to Gain Strategic Marketing Insight", Journal of Marketing, 47(Summer), 1983.

Kotler, P. and G. Armstrong, Principle of Marketing, 9th ed., Prentice-Hall, Inc., 2001.

Kurtz, David L. and Kenneth E. Clow, Service Marketing, John Wiley and Sons, 1998.

Miles, R. E. and C. C. Snow, Organizational Strategy, Structure and Process, McGraw-Hill, 1978.

Parasuraman, A., Valarie A. Zeithmal, and Leonard L. Berry, "A Conceptual Mode of Service Quality and Its Implication the Future Research", Journal of Marketing, Fall, 1985.

Porter, Michael, "Competition in Global Industries, Harvard Business School Press, 1986.

Robertson, Thomas S., Innovative Behavior and Communication, Holt Rinehart and Winston, Inc., 1971.

Root, Franklin R., Entry Strategies for International Markets, Lexington Books, 1994.

Shostack, G. Lyun, "Breaking free from Product Marketing", The Journal of Marketing, April 1977.

Terpstra, V., International Marketing 3rd ed., Hinsdale, Dryden Press, 1988.

Zeithmal, Valarie A. and Mary Jo Bitner, Service Marketing, McGraw-Hill Co., 1996..

Bartlett, C.A., and Ghoshal, S.(1989). Managing Across Borders. The Transnational Solution, Boston, MA: Harvard Business School Press.

Birkinshaw, J.M. and Morrison, A.J.(1995). Configurations of strategy and structure in subsidiaries of multinational corporations. Journal of International Business Studies, vol. 26, pp.729-754.

Brooke, M.Z.(1984). Centralization and autonomy. A study in organization behavior, London and New York: Holt, Rinehart and Winston.

Child, J.(1973). Strategies of control and organization behavior, Administrative Science Quarterly, vol. 18(March), pp.1-17.

Garnier, G.(1982). Context and decision making autonomy in the foreign affiliates of U.S. multinational corporations, Academy of Management Journal(December), pp.893-908.

Gates, S.R. and Egelhoff, W.G.(1986). Centralization in headquarters-subsidiary relationships, Journal of International Business Studies, vol. 17(Summer), pp.71-92.

Gong, Yaping(2006). The impact of subsidiary top management team nationality diversity on subsidiary performance: Knowledge and legitimacy perspectives, Management International Review, vol.46, pp.771-789.

Ghoshal, S. and Bartlett, C.A.(1988). Creation, adoption and diffusion of innovations by subsidiaries of multinational corporations, Journal of International Business Studies, vol.19, pp.365-388.

Gupta, A.K., Govindrajan, V.(1991). Knowledge flows and the structure of control within multinational corporations, Academy of Management Review, 16(4), 768-792.

Harzing, A.W.K.(1999). Managing the multinationals: an international study of control mechanism, Northampton, MA: Edward Elgar.

Holm, U. and Pedersen, T.(2000). The emergence and impact of MNC centers of excellence. Mcmillan: Basingstoke, Hampshire.

Jakobsen and Rusten(2003). The autonomy of foreign subsidiaries. An Analysis of headquarter-subsidiary relations, Norwegian Journal of Geography, vol. 57, pp.20-30.

Jarillo, J.C. and Martinez, J.I.(1990). Different roles for subsidiaries: the case of multinational corporations in Spain, Strategic Management Journal, vol.11, pp.501-512.

Kought,B. and Sing H.(1988). The effect of culture on the choice of entry mode, Journal of International Business Studies, vol.19, pp.411-432.

Martinez, J.I. and Jarillo, J.C.(1989). The evolution of research on coordination mechanism in multinational corporation, Journal of International Business Studies, vol. 20, No. 3, pp.489-514.

O' Donnell, S. W.(2000). Managing foreign subsidiaries: agents of headquarters, or an interdependent network? Strategic Management Journal, 21, pp.525-548.

Subramaniam and Watson(2006). How interdependence affects subsidiary performance, Journal of

Taggart, J.(1997). Autonomy and procedural justice: A framework for evaluating subsidiary strategy, Journal of International Business Studies, 28(1), pp.51-76.

Taggart, J. and Hood, N.(1999). Determinants of autonomy in multinational corporation subsidiary, European Management Journal, 17, pp.226-236.

Woodcock, C.P., Beamish, P. and Makino, S.(1994). Ownership-based mode strategies and international performance, Journal of International Business Studies, vol.25, No.2, pp.253-273.

Young, S. and Tavares, A.T.(2004). Centralization and autonomy: back to the future, International Business Review, 13, pp.215-237.

찾아보기

〈ㄴ〉

〈ㄷ〉

〈ㅇ〉

〈ㅈ〉

저자소개

■ **김 성 용**

- George Washington University 테크노경영학(석사)
- 홍익대학교 대학원 경영학과 국제경영 전공 박사과정 수료
- 홍익대학교 경영학과 강사

현) 한국관광대학 관광경영과 교수

국제관광경영

●발행일

2008년 7월 10일 초 판 인쇄
2008년 7월 15일 초 판 발행

●저 자

김 성 용

●발행인

한 인 환

●발행처

도서출판 **기 문 사**
서울시 동대문구 용두2동 730-4번지 홍신빌딩 3층
전 화 : 02) 2265-7214, 922-8662~3
팩시밀리 : 02) 922-8772
homepage : www.kimoonsa.co.kr
e-mail : book@kimoonsa.co.kr
등 록 : 1978. 8. 9. NO. 6-0637
ISBN : 978-89-7723-363-8 93980

정가 : 18,000원

●**불법복사는 지적재산을 훔치는 범죄행위입니다.**

저작권법 제 97조의 5(권리의 침해죄)에 따라 위반자는 5년 이하의
징역 또는 5천만원 이하의 벌금에 처하거나 이를 병과할 수 있습니다.